Singapur
- same same but different -

Ein Leben zwischen Chanel und Chilli Crab

Michaela Machetanz

1. Auflage

Copyright © 2015 Michaela Machetanz

Verlag: Michaela Machetanz, 52382 Niederzier

All rights reserved.

Druck: Create Space, Leipzig

ISBN-10: 1500872164
ISBN-13: 978-1500872168

"Wer sich überall zu Hause fühlt, ist nirgends daheim."

Russisches Sprichwort

∞∞∞∞∞

"In der Fremde erfährt man, was die Heimat wert ist."

Ernst Wiechert

Baustellenampel Singapura

INHALTSVERZEICHNIS

1. Die Entscheidung   *(S. 1 - 5)*
2. Der Abschied   *(S. 6)*
3. Erste Schritte in der neuen Heimat   *(S. 6 - 14)*
4. Weihnachten in den Tropen   *(S. 14 - 19)*
5. Urlaub auf Bali, Indonesien   *(S. 19 - 24)*
6. Multi-Kulti-Feiertage à la Singapur   *(S. 24 - 28)*
7. Chinese New Year 2011 - Das Jahr des Hasen   *(S. 28 - 41)*
8. Kurzurlaub auf Sibu Island, Malaysia   *(S. 42 - 43)*
9. Osterferien 2011 – Urlaub auf Koh Samui, Thailand   *(S. 44 - 50)*
10. Singapur-Alltag   *(S. 51 - 53)*
11. Linksverkehr und Führerscheinprüfung   *(S. 53 - 54)*
12. Die kleinen schwarzen Füße   *(S. 54 - 58)*
13. Endspurt und erster Heimaturlaub   *(S. 58 - 59)*
14. Abschied von der Heimat – zurück nach Hause   *(S. 60)*
15. Singlish   *(S. 60 - 63)*
16. Das Wetter   *(S. 64 - 68)*
17. Das asiatische Schönheitsideal   *(S. 69 - 71)*
18. Die Menschen in Singapur und deren Eigenheiten   *(S. 71 - 75)*
19. Schlafen – immer und überall   *(S. 75 - 77)*
20. Shanghai   *(S. 77 - 100)*
21. Schneegestöber in Singapur   *(S. 100 - 102)*
22. Unser 2. Weihnachtsfest in der Ferne   *(S. 102)*
23. Kambodscha und Vietnam   *(S. 103 - 142)*
24. Chinese New Year 2012 – Das Jahr des Drachen   *(S. 142 - 143)*
25. Das Land der öffentlichen Verkehrsmittel   *(S. 144 - 149)*
26. Electronic Road Pricing (ERP)   *(S. 149 - 151)*
27. Singapore - A fine city   *(S. 151 - 159)*
28. Maids   *(S. 159 - 161)*
29. Das große Krabbeln   *(S. 161 - 176)*
30. Pflanzen und Früchte   *(S. 177 - 195)*
31. Besuch aus der Heimat   *(S. 195 - 200)*
32. Persönliche Spezialitäten-Ekelliste   *(S. 200 - 208)*
33. Essen und Trinken in Singapur   *(S. 209 - 223)*
34. Die Entscheidung   *(S. 224)*
35. Back in Germany   *(S. 225 - 235)*
36. Schlusswort und Danke   *(S. 236)*

VORWORT

„Du musst unbedingt ein Buch schreiben", oder „Und wenn Du ein Buch geschrieben hast – ich werde es kaufen". Wie oft habe ich in letzter Zeit solche netten Bemerkungen gehört. Natürlich kamen sie von den Freunden und Bekannten, die ich auf meinen „Massen-E-Mailverteiler" gesetzt habe und die sich mehr oder weniger regelmäßig durch meine Reiseberichte kämpfen durften.

Aber mit jedem netten Feedback habe ich mir gedacht, wären meine Geschichten nicht gut zu lesen und lähmend langweilig, dann schätze ich meine Freunde so ein, dass sie müde lächelnd den Computer geschlossen und nicht geantwortet hätten. So aber haben sie mir gezeigt, dass sie meine teilweise endlos langen Ergüsse nicht nur gelesen, sondern auch noch interessant gefunden haben, und das gibt mir doch Hoffnung.

Begonnen habe ich mit diesen E-Mails, als wir für ein berufliches Projekt meines Mannes für 2 Jahre nach Singapur gezogen sind. Auf der einen Seite wollte ich so in Kontakt mit der Familie und allen Freunden bleiben. Daneben gab es aber auch einen viel egoistischeren Grund, nämlich den Wunsch, die Seele und das Herzchen leer zu schreiben Genau wie andere Hobbys hilft das Erzählen, Dinge zu verarbeiten, und man möge mir einfach glauben, zu verarbeiten gab es jede Menge.

Meine Eindrücke sind natürlich rein subjektiv, und ich habe sehr viele Expats (Kurzform für Expatriate = eine Person, die für eine bestimmte Zeit oder permanent in einem anderen Land oder einer anderen Kultur lebt, als die, in der sie aufgewachsen ist) hier kennen gelernt, die das alles ganz anders sehen. Aber wie man bei uns Zuhause sagt: „Jeder Jeck ist anders", und es gibt zum Glück auch viele Freunde hier, die das alles ebenso mit meiner Art von Humor sehen.

Da ich nie daran gedacht hatte, meine Berichte einmal in Buchform bringen zu müssen/dürfen, kann es manchmal durchaus vorkommen, dass ich mich wiederhole oder ein wenig durch die Zeiten springe. Man möge mir dieses verzeihen und trotzdem weiter lesen.

Viel Spaß!

Welcome * 歡迎 * Selamat Datang * வரவேற்கிறோம்

1 DIE ENTSCHEIDUNG

Das Jahr 2010 fing eigentlich ganz ruhig an. Silvesterfeier bei guten Freunden. Die Kinder haben bis zum frühen Morgen gespielt und den kompletten „Waffenvorrat" an Silvestermunition verpulvert. Während sich die Männer bei Singstar duellierten, haben wir Frauen die Folgen des alljährlichen Bleigießens beseitigt und sind nach und nach im Sitzen auf der Couch eingeschlafen (oder bei den Gesangskünsten der Männer auch ohnmächtig geworden).

So fing das Jahr an und alles ging seinen ganz normalen Gang. Jeder ging seinen Hobbys nach, mein Mann (Hajo) wartete sehnsüchtig auf das neue Segelflugzeug, das er mit einem Freund zusammen schon vor zweieinhalb Jahren bestellt hatte, unsere Tochter Kira (12 Jahre) spielte Fußball und tanzte eifrig in der Garde des heimisches Karnevalvereins und unser Sohn Mirko (9 Jahre) war entweder auf dem Fußballplatz oder an irgendeiner Tischtennisplatte zu finden. Tja, und ich habe das alles koordiniert. Zumindest habe ich versucht, Beruf, Kinder, Haushalt, Hobbys etc. unter einen Hut zu bekommen, was auch eigentlich meist gut klappte.

Anfang März 2010 kam er dann, der Tag, an dem mein Mann abends nach Hause kam und erzählte, dass man ihm angeboten habe, ein Projekt in Singapur zu überwachen. Er arbeitet als Qualitätsmanager und sollte vor Ort den Einkauf und den Aufbau einer neuen Chemieanlage überwachen.

Ich, immer schon eine geographische Leuchte, habe mich dann erst mal an den Computer gesetzt, Singapur gesucht - und sogar gefunden. Das Land schien interessant, und so haben wir nach einigem Hin und Her die Bereitschaft signalisiert, diesen Schritt zu wagen. Gut, das war das eine. Nachdem sich dann jedoch immer mehr abzeichnete, dass die anderen Leute, die sich beworben hatten, nach und nach ausschieden, und wir den Zuschlag bekommen sollten, haute es uns dann trotzdem um.

Der Vertrag wurde unterschrieben, und von nun an gab es kein Zurück mehr. Es folgte eine sehr anstrengende Zeit, vor allem emotional und menschlich. Die Kinder, die Familie und unsere Freunde mussten informiert werden, und es tat weh. Es gab viele Tränen und schlaflose Nächte, endlos viele Fragen und keine Antworten. Jeder von uns hatte sein eigenes Päckchen zu tragen.

Ich musste meine Arbeit kündigen und anfangen, den Umzug vorzubereiten. Ein komplettes Haus (mit Keller, Garage und Garten) musste leer geräumt und eingeteilt werden in: „geht mit nach Singapur" und „wird eingelagert". So kamen nach und nach immer mehr Verabschiedungen von lieben Menschen und auch von Sachen, an denen man gehangen hat.

Unsere Kinder, Kira und Mirko, haben anfangs bitterlich geweint. An dem Tag, an dem wir es ihnen gesagt haben, hat Kira ihre Freundinnen angerufen und mit ihnen zusammen geweint. Mirko hat dann seinen Freund Maurice angerufen und gesagt: „Du Mauri, wir gehen im Sommer für 2 Jahre nach Singapur". Darauf Maurice: „Singapur? Ja, dann mach es mal gut!"

Genau so ging es auch die nächste Zeit weiter, es gab sehr traurige, aber auch sehr schöne und lustige Momente. Auf einmal wurden mir Kleinigkeiten bewusst, die zum normalen Alltag ganz selbstverständlich dazugehören, die aber sehr wichtig und schön sind. Die Zeit die nun folgte bestand aus vielen kleinen Verabschiedungen: der letzte Arbeitstag, das letzte Training, das letzte Spiel, usw. Es war mir deshalb auch sehr wichtig, allen die Möglichkeit zu geben, „Tschüss" zu sagen. Anfang Juli fand deshalb eine große Verabschiedungs-Party auf dem örtlichen Fußballplatz statt. Die deutsche Nationalelf gewann das Spiel gegen Argentinien mit 4:0 und wir hatten, bei traumhaften Temperaturen, eine ganz tolle Feier. So viele Freunde, alle brachten Essen mit, und es war ein kunterbuntes, friedliches Treiben. Natürlich floss neben Bier und Singapore Sling auch das ein oder andere Tränchen, aber alles in allem herrschte eine sehr schöne Stimmung.

Gruppenfoto auf der Abschiedsfeier

Anfang Juli wurde es dann richtig ernst. Zuerst haben wir unseren Corsa verkauft. Das ging recht schnell, - Kleinwagen halt.

Nach und nach mussten alle meine geliebten Pflanzen verschenkt werden, da man Pflanzen nicht mitnehmen darf. Am 8. + 9. Juli kam dann die Relocation-Firma. Nach einem kurzen Rundgang mit ein paar Erklärungen fielen die 4 Mitarbeiter wie die Termiten über unser Haus her, und es wurde alles zerlegt und eingepackt. Ich habe mich in die Küche verkrochen, Brötchen geschmiert und Kaffee gekocht. Die wichtigsten Sachen, die wir noch für die nächsten Wochen brauchten, hatte ich im Badezimmer eingeschlossen – sicher ist sicher! Freitagmittag war es dann soweit, und der Seecontainer rollte an, zusammen mit dem LKW, der die Einlagerungssachen wegbringen sollte. Das war ein Bild! Nach und nach verschwanden alle Sachen im LKW.

Ein komplettes Haus wird eingepackt

Meine „Insel", die letzten Dinge in der Küche

Seecontainer und LKW rollen an

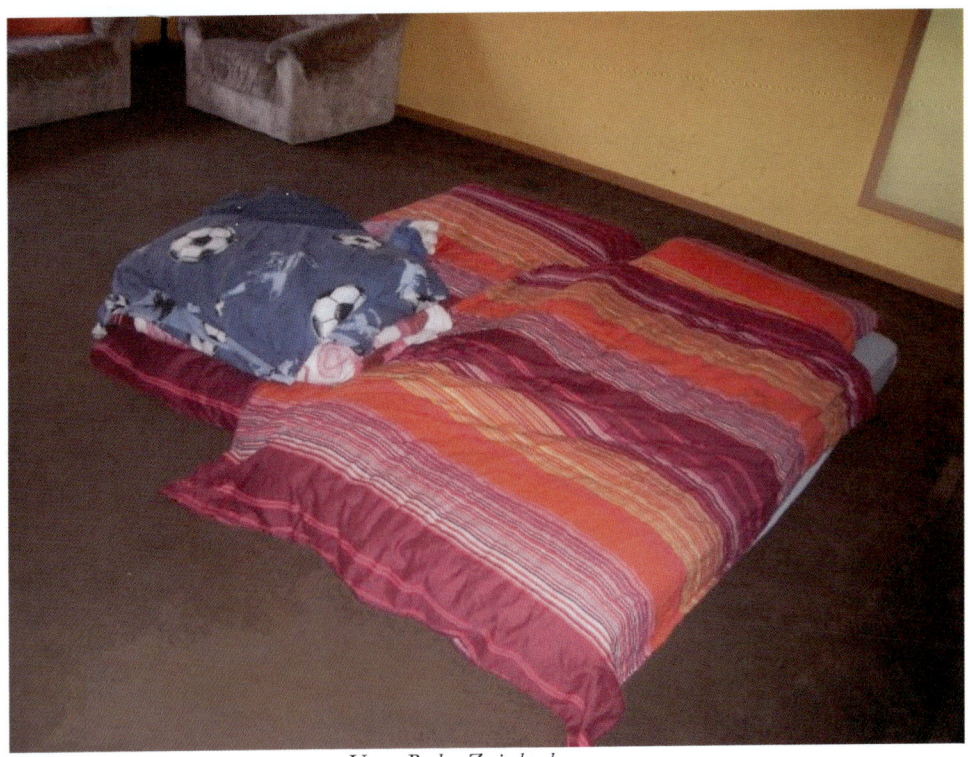
Unser Boden-Zwischenlager

Als die Männer um 21 Uhr gingen, war das Haus wirklich komplett leer (nein stimmt nicht, einen Thermoskannendeckel habe ich noch gefunden…hahaha…) Wir sind dann rüber zu Freunden, die uns zum Grillen eingeladen hatten – bei uns gab es ja auch nichts mehr, und später sind wir dann auf den ausgeliehenen Matratzen auf dem Boden schlafen gegangen.

Unser Haushalt war nun auf dem Weg nach Singapur, und nachdem mein Mann den Wohnwagen schon am Wochenende nach Waging am See (Bayern) gezogen hatte, sind die Kinder und ich am 14.07.10 hinterher geflogen. Abends haben wir Verwandte besucht und einen wunderschönen Abend im Biergarten und am Starnberger See verbracht. Auf dem Weg zu unserem Wohnwagen hat es dann leider mein geliebtes Auto zerhagelt - ganz schrecklich, aber so fiel mir dann das spätere Verkaufenmüssen auch nicht mehr ganz so schwer. Gefreut hat uns, dass wir unsere Freunde, die Poppies aus Nienburg, noch ein paar Tage bei uns in Waging haben konnten. Von Bayern aus sind wir dann nach Roitzschjora (Sachsen) gefahren, wo mein Mann noch an der Segelflug-Blockmeisterschaft teilnahm. Den Flieger würde er nun ja auch länger nicht mehr sehen.

Nach diesem Urlaub waren wir dann nur noch ein paar Tage Zuhause, haben das Auto und den Wohnwagen verkauft, und die restlichen Fahrräder sind wir auch noch losgeworden.

Nahe ging uns auch die Trennung von unseren Haustieren.

Muffin, die Katze, war mit ihren stattlichen 18 Jahren einfach zu alt zum Umpflanzen. Wir haben lange hin und her überlegt, und als unser Nachbar Herbert, der sich sowieso schon immer lieb um sie gekümmert hat, wenn wir in Urlaub waren, uns angeboten hat, sie zu „adoptieren" waren wir sehr erleichtert.

Lorena, eine sehr gute Freundin von Mirko, war so lieb, sich weiter um Mirko's Fische zu kümmern. Das Aquarium steht jetzt auf ihrem Schreibtisch, und nach ihren Lageberichten per E-Mail zu urteilen, ist sie eine tolle Fisch-Mama.

Die Farbmäuse sind bei Lukas, unserem Patenkind. Er hatte sich das so gewünscht und da wir noch nichts Gegenteiliges gehört haben, wird es ihnen wohl gut gehen.

Hoppel, der Hase, hat einen neuen Stall bekommen und lebt bei Oma Rosi und Opa Werner auf der Terrasse bzw. bei Oma auf dem Arm. Ich glaube so viel frisches Stroh, Futter und Aufmerksamkeit hat er ewig nicht bekommen. Er sieht auf jeden Fall aus wie neu, wenn er auf Omas Schoß mit uns skypt!

2 DER ABSCHIED

Jetzt aber weiter im Text. Am Donnerstag, den 12.08.10 war er da, unser letzter Tag in Deutschland. Was für ein komisches Gefühl. Zum Glück waren wir nicht alleine. Freunde kamen vorbei, und auch die besten Freunde unserer Kinder wichen nicht von deren Seite. Man klammerte sich während der letzten Momente feste aneinander.

Am späten Nachmittag haben wir uns von unserer Katze verabschiedet, den Nachbarn „Tschüss" gesagt, unser Haus abgeschlossen und noch kurz meine Schwiegereltern besucht.

Mit einem ganz dicken Herzchen ging es dann per Leihwagen zum Bahnhof Düren, über Köln nach Frankfurt, und um 23 Uhr nach Singapur.

Wir sind dort am Freitag, den 13.08.2010, nachmittags gelandet und erst einmal in unser Übergangsapartment gegangen.

3 ERSTE SCHRITTE IN DER NEUEN HEIMAT

Am nächsten Tag mussten wir dann auch gleich zur Schule, wo wir die bestellten Schulbücher und die Schuluniformen für die Kinder abholen mussten. Sonntag haben wir unsere Wohnungsschlüssel überreicht bekommen und auch die Info erhalten, dass mittwochs bereits der Container angeliefert würde. Just in time!

Mirko und Kira mussten dann beide schon montags zur Schule. Ich bin mit Mirko los und Hajo mit Kira. Alles ganz schön spannend.

Die Schule (GESS = German European School Singapore), die beide besuchen, ist eine deutsche Schule. Die beiden Campusanlagen liegen zwar getrennt voneinander und beide werden von unterschiedlichen Schulbussen abgeholt, aber es hat sich alles sehr schnell eingespielt. Das ist ein klarer Vorteil einer Auslandsschule: Alle sind oder waren schon einmal in genau derselben Situation. Neu in einem fremden Land und man bekommt sofort Hilfe, Ratschläge und jede Menge Informationen an die Hand.

Main Campus GESS

Der erste Schultag

So haben beide Kinder auch recht schnell Freunde gefunden, auch wenn sie gerade anfangs großes Heimweh hatten und ihre Klassen und Freunde in Deutschland sehr vermisst haben.

Hajo ist dann auch montags direkt zur Arbeit gefahren. Er wurde von seinen Arbeitskollegen ja schon sehnsüchtig erwartet, und durch seine Arbeit direkt in alles einbezogen. Das erste Projekt-Meeting in Malaysia (nein, er muss niemandem leid tun, das war Vergnügen!) hat er dann auch sofort hinter sich bringen „müssen". Das Gute ist, dass er es momentan mit dem Bus nicht weit bis zum Büro hat und ich so das Auto in der Tiefgarage stehen habe. Mal sehen wie sich das entwickelt, wenn er auf die Baustelle muss.

Wir wohnen an der Westküste Singapurs, etwas abseits vom Trubel, was in diesem kleinen, pulsierenden Land eigentlich nur recht schwer möglich ist. Wir haben uns nach langen Überlegungen für das Wohnen in einem sogenannten „Condominium" entschieden. Das ist eine Wohnanlage mit mehreren Häusern bzw. Wohnungen. Man fährt durch eine Schranke und am Guard-House vorbei, kann in einer Tiefgarage parken und die Annehmlichkeiten dieser Wohnanlage, wie Pool, Jacuzzi, Barbecue-Bereich, Sportanlagen, Gesellschaftsräume etc. nutzen. Unsere Anlage war gerade erst fertig geworden und bestand aus 5 Blocks und 150 Wohneinheiten.

Ein Blick durch unsere Wohnanlage

Anlieferung des Seecontainers

Ich habe dann die darauf folgenden Tage genutzt, das Einräumen der fast 300 Packstücke zu kontrollieren und alles irgendwie unterzukriegen und zu verstauen.

Es dauerte eine Zeit, aber bald hatten wir Internet, Telefon und TV, der Hauptrechner lief und fast alle Sachen hatten einen Platz. Jetzt mussten wir nur noch wissen, wo. Gar nicht so einfach, alles wieder zu finden. Unsere Sachen waren bis auf ein paar kleine Schäden alle gut hier angekommen. Einiges vermisse ich, wird wohl eingelagert sein, na, aber dafür habe ich ein Kinderindianerkostüm und eine Plastik-Popo-Rutsche ausgepackt, die bestimmt nicht mit sollten. ☺

Tja und nun zu mir. Mal abgesehen davon, dass ich immer noch das Gefühl habe, hier im Urlaub zu sein, vermisse ich Deutschland mit allem was dazu gehört, sehr. Sogar das kühle Wetter fehlt. Ich freu mich jetzt schon, wenn ich nach Deutschland komme und vielleicht mal richtig friere, mit blauen Lippen und allem was dazu gehört.

Das Wetter hier ist schon Wahnsinn. Bei einer Durchschnittstemperatur von 30 °C und einer Luftfeuchtigkeit von bis zu 80 – 90 % schwitzt man eigentlich den ganzen Tag. OK, im Haus und sonst eigentlich überall sind Klimaanlagen, aber sobald man das Fenster öffnet, trifft einen die Wand und man klebt. Ich weiß noch nicht, ob man sich daran gewöhnen kann, mal abwarten.

Das Gute ist, dass Petra, die Frau eines Arbeitskollegen von Hajo, sehr nett ist, und mir hier hilft, dass ich mich zurecht finde: Einkaufen, Metzgerei, Gerolsteiner-Lagerverkauf, deutsches Brot, Gewürzcurryketchup und was man hier sonst noch so vermisst. Zwischendrin bummeln wir durch die interessantesten Märkte und probieren uns durch das seltsamste Essen. Wir sind ja beide gut geimpft!

Erster Großeinkauf und die Lieferung vom Gerolsteiner-Mann

Was gibt es sonst noch? Die Menschen hier sind sehr nett. Ein gemischtes Volk aller möglichen Nationalitäten. Schon witzig, wenn man das bunte Treiben hier beobachtet. Man muss sich hier nur keinen Stress antun, alles schön langsam und nur nicht hektisch werden. Englisch ist zwar die Landessprache, aber das, was man meistens hört, hat nichts mit dem zu tun, was wir unter Englisch verstehen. Hier wird das „Singlish" genannt. Eine Mischung aus Englisch und Chinesisch, betont mit der Endsilbe –lah... understand-lah?

Unsere Wohnung haben wir weiter eingerichtet und jetzt sieht es schon aus wie ein Zuhause. Bilder hängen, Pflanzen sind gekauft, wobei hier die meisten Grünlinge lieber nach draußen wollen, als in einer klimatisierten Wohnung vor sich hin zu vegetieren. In dem Blumenhof hier sieht das nicht anders aus. Fast wie eine Baumschule bei uns, nur dass es tropische Pflanzen ohne Ende für draußen gibt und einen ganz kleinen Bereich „Indoor Plants". Und dann wächst auch alles irgendwie ineinander. Die Pflanzen wachsen über ihre Töpfchen hinaus und fühlen sich auf dem Boden oft wohler. Das führt dazu, dass man manchmal nicht weiß, was man kaufen kann und was „Unkraut" ist.

Corona, das Pflanzengeschäft

Die Chinesen legen Wert darauf, dass man eine Pflanze in der Wohnung hat, denn nur wenn es der Pflanze gut geht, dann geht es auch den Menschen gut, die in dem Haus wohnen (sagt Konfuzius ☺). Also immer schön aufpassen beim Gießen. Und das ist hier gar nicht so einfach, da die staatliche Umweltbehörde gerade hinter stehenden Gewässern her ist wie der Teufel hinter den Fliegen. Grund sind Moskitos und die damit verbundene Gefahr der Verbreitung von Malaria und dem Dengue-Fieber.

Ich hatte die Kontrollbehörde schon hier, und seitdem ist alles geschützt, wo sich Wasser sammeln könnte (Gießkannen werden auf den Kopf gestellt, Sonnenschirmfuß mit einer Tüte abgedeckt, Blumentöpfe müssen Löcher haben und dürfen auch nicht auf einem Teller stehen, Blumenvasen immer frisch wässern, und nun das Beste: Seitdem haben unsere Klobürstenhalter auch ein Loch im Boden! Wobei, mal ehrlich, welche Mücke traut sich in dieses Wasser??? In der Wohnanlage und überall in Singapur wird regelmäßig „gefogt". Damit werden alle Moskitos, sollte es überhaupt irgendwo noch welche geben, abgetötet. Ich mache immer schnell die Fenster zu, wenn ich lautes Brummen höre, denn kurz darauf wird alles in weißen Nebel gehüllt. Die Einheimischen lassen alle Fenster und Türen auf, vielleicht reden sie deshalb so komisch-lah!

Das mit der Sprache hier kann man eigentlich nur mit Humor sehen. Ich glaube, Singapur ist das einzige Land mit Amtssprache Englisch, in dem alles gesprochen wird - außer Englisch. Das ist prinzipiell lustig, kann einen aber auch mit der Zeit ganz schön nerven. Hajo, der am Anfang in der Kantine immer brav sagte „I'd like to have this, please, and that...", und daraufhin nur ein „Ääh?" als Antwort bekam, hat jetzt sogar von „This and that" nur noch zum Zeigen ohne Worte gewechselt, und das klappt. Zeigen darf man hier übrigens nicht mit dem Finger, sondern mit der leicht geöffneten Faust, Daumen nach oben. Immer wieder sehr unterhaltsam ist es auch, wenn ich mit Petra unterwegs bin und wir beide Lime-Juice trinken wollen (sehr leckere Erfrischung aus Limonensaft):

„Two lime juice please"

„Ähhh?"

„Two lime juice"

„Lime juice?"

„Yes"

„One?"

„No, two"

„Lime juice, one?"

„Two"

Stellt einen lime juice hin.

„Two"

„Ahhh two"

Und das geht immer so, das ist fast wie bei Loriot.

Auch sonst ist die Art der Leute in vielerlei Hinsicht gewöhnungsbedürftig und man kommt aus dem Staunen nicht heraus. Die asiatischen Frauen telefonieren meistens mit der Hand vorm Mund, damit man das Gespräch nicht mithören kann. Auf Rolltreppen immer ganz links hinstellen, damit man überholt werden kann. Kommt man zu einem Hawker (riesige Essplätze mit kleinen Buden) und sucht einen Sitzplatz, dann immer darauf achten, ob irgendwo Papiertaschentücher liegen, das heißt nämlich: besetzt (quasi das Badehandtuch der Deutschen auf Mallorca). Um die Mittagszeit immer schön aufpassen, wo man mit dem Auto lang fährt, denn hier legen sich die Arbeiter einfach auf Pappen auf den Boden in der Tiefgarage und schlafen. Zum Glück hatte ich letztens noch Schuhe stehen sehen, sonst wäre er platt gewesen, der arme Arbeiter.

In unserem Apartment mussten schon tausende Sachen repariert werden. Man meldet das, irgendwann klingelt es und dann stehen ca. 10 kleine Dunkelhäutige vor einem, mit schwarzen Füßen und einem Werkzeugeimer in der Hand. Englisch spricht niemand, und so wird mit Händen und Füßen erklärt, was zu reparieren ist. Man muss nur in der Nähe bleiben, denn am liebsten reparieren sie mit dem Hammer (was nicht passt wird passend gemacht), mit Farbe (dann sieht man den Rest ja nicht mehr) oder mit Silikon (ist noch besser als Farbe, weil es dicker ist und auch noch klebt). Nur blöd, wenn man es aus der Pistole auf den Finger gibt, in die Fugen schmiert und dabei schmutzige Hände hatte. Die Arbeiter kommen und gehen, und wenn dann alle weg sind schau ich immer nach, ob nicht noch irgendwo einer liegt. Dann mache ich erst mal die Fußtapsen weg (vom Klodeckel, vom Waschbecken und wo man sonst noch so lang klettern kann). Ein typischer Handwerker-Spruch ist übrigens: „Noooo, can't do!"

Mal abgesehen von der Affenhitze und der hohen Luftfeuchtigkeit bringen einen also auch die Einheimischen dazu, alles gaaaanz entspannt zu sehen, aufregen lohnt sich nicht - don't do-lah!

Was gibt es sonst noch zu berichten? Kira und Mirko haben schon einige Klausuren hinter sich und es läuft gut. Was Mirko in der kurzen Zeit an Englisch gelernt hat, ist wirklich beeindruckend. Kira spielt jetzt von der Schule aus Volleyball und Mirko hat seinen Platz in der Fußball-Schulmannschaft. Mit Deutschland kann man das nicht vergleichen, aber sie fangen an, sich ihren Platz in der Klasse zu sichern und sich zu öffnen. Es wird viel gechattet und geskypt, und so ist dann die Welt nicht mehr ganz so groß.

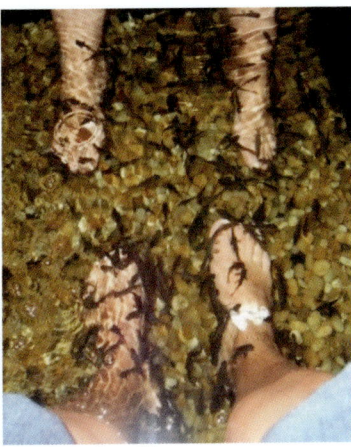

Fish-Spa (Mini-Fischchen knabbern die trockenen Hautschüppchen ab)

4 WEIHNACHTEN IN DEN TROPEN

Das war und ist eine sehr erlebnisreiche Zeit und ich bin froh, dass jetzt nach den ersten Zeugnissen für die Kinder und den bereits gestarteten Weihnachtsferien auch endlich etwas Ruhe einkehren kann. Ob die Stimmung bei 30°C sehr weihnachtlich ist, mag ich mal dahin stellen. Wir haben auf jeden Fall einen Weihnachtsbaum aufgestellt, meinen geliebten Glühwein hatte ich auch schon, und dank verschiedener Care-Pakete aus Deutschland haben wir auch Oma Rosis Terrassenplätzchen, Stollen, Spekulatius, ja, sogar Harzer Roller (wobei, rollen konnte der nicht mehr nach 6 Wochen, eher schwimmen).

Und wie kam es jetzt dazu, dass wir doch einen Weihnachtsbaum haben? Nun, in Deutschland habe ich völlig kopfgesteuert alle Weihnachtssachen brav zuhause gelassen. Wer schmückt bei 30 Grad seine Wohnung schon weihnachtlich? Nun, nach dem ersten Heimwehschub kann ich sagen: Ich zum Beispiel! Ich bin aber da zum Glück auch nicht alleine. Abgesehen von den Christen, die hier leben, hat Weihnachten auch in Asien rein optisch Einzug gehalten.

Als nun die ersten Schokoweihnachtsmänner im Supermarkt auftauchten und die Orchard-Road weihnachtlich leuchtete, gab es auch für mich kein Halten mehr, und ich habe mir die ein oder andere Weihnachtsdeko gekauft. Dann kamen die Kinder und die wollten natürlich auch hier einen Baum. In Singapur gibt es 2 Ikea-Filialen, die zur Weihnachtszeit eine Ladung Tannenbäume erhalten. Ich bin mir nicht ganz sicher wo die herkommen und wie lange die unterwegs sein müssen. Erzählungen zu Folge muss man sich in die Reihe der Wartenden einreihen oder am besten vorbestellen und dann ergattert man für viel Geld einen Baum im Baumnetz, der dann vielleicht ganz nett aussieht und hoffentlich die Nadeln nicht alle schon beim Auspacken verliert.

Ich bin daraufhin dann doch lieber mit Petra als Insiderin direkt in Richtung Little India gefahren (auf die Idee wäre ich alleine nie gekommen) und dann haben wir lange gesucht, aber einen wirklich fast echt aussehenden künstlichen Baum gefunden. Das war gar nicht so einfach, denn man kann nicht nur verschiedene Tannenfarben kaufen sondern man kann auch noch verschiedene Tannensorten mischen und auch zwischen mit oder ohne Tannenzapfen wählen.

Ich muss gestehen, ich hab schon ein wenig blöd aus der Wäsche geschaut, als ich der Verkäuferin den ausgewählten Baum zeigte und ich dann kurze Zeit später einen großen schmalen Karton erhielt. Ein Baumbausatz halt!

Also ging es mit dem Baumkarton nach Hause. Die Kinder wollten natürlich sofort wissen, wo denn nun der Weihnachtsbaum sei und als ich ihnen sagte, der sei im Karton, gab es kein Halten mehr und so wurde er sofort (Ende November) aufgebaut. Die Kinder hatten einen Riesenspaß und vom Ergebnis waren wir auch begeistert. Nun konnte Weihnachten kommen!

Weihnachtsbaum-Bausatz

Und der Baum nimmt Form an…

…und fertig!

So sehen Weihnachtsmänner in den Tropen aus!

Sogar im Sportraum wurde es weihnachtlich - lustig waren die aufgesprühten Kerzen, die auf dem Kopf standen

Coca-Cola-Weihnachtstruck auf asiatisch

Zeugnisse gab es hier schon vor den Weihnachtsferien und ich bin froh, dass alles so gut weitergelaufen ist. Die Schule und die Noten haben auf jeden Fall unter dem Wechsel nach Singapur nicht gelitten. Kira und Mirko fühlen sich auch schon richtig wohl, haben neue Freunde gefunden und wollen das unbedingt alles ihren „richtigen" Freunden in Deutschland erzählen. Schon beeindruckend, wie Kinder das trennen können.

Weihnachten haben wir übrigens hier genau so gefeiert wie in Deutschland. Wir waren sogar im deutschen ökumenischen Gottesdienst und danach gab es Raclette (ich habe sogar Raclette-Käse bekommen. Nicht viel, aber außer mir mag den eh keiner). Der einzige Unterschied war die Menge Geschenke für Kira und Mirko. Noch mal vielen lieben Dank für alle Karten, Briefe, Mails, Geschenke und Carepakete. Wir haben uns riesig gefreut!

Was Silvester angeht, so sind wir wohl gezwungen, das hier in Singapur anders zu feiern als in Deutschland, denn öffentliches, privates Feuerwerk ist strengstens verboten. Dafür gibt es um Punkt 0 Uhr ein wunderschönes staatliches Feuerwerk. Das ist irgendwie, besonders für die pyromanisch veranlagten Männer und Kinder unter uns ganz schön hart, auf der anderen Seite spart man natürlich auch einiges an Geld und kann das ganze Feuerwerk doch recht entspannt einfach nur ansehen, ohne den Stress, alles irgendwie pünktlich ans Brennen zu kriegen.

Ich glaube dieses Jahr bleibt meiner Familie sogar das Bleigießen erspart und das Tischfeuerwerk, das ich immer so schön fand...Bis jetzt habe ich nichts dergleichen gefunden. Aber das habe ich hier schon gelernt: es gibt nichts, was es nicht gibt, man muss nur herausfinden, wo!

5 URLAUB AUF BALI, INDONESIEN

Ich hoffe, ihr seid alle gut ins neue Jahr gekommen. Wir haben Silvester auf Bali verbracht. Nachdem wir uns vorgenommen haben, die Nachbarländer hier nach und nach zu erkunden, weil man so etwas bestimmt nicht von Deutschland aus macht, haben wir mit Indonesien angefangen. Schließlich wollte ich da ja schon immer mal hin. Eine sehr gute Freundin, die auf unserem Gymnasium damals für ein Jahr Austauschschülerin war, kommt von dort.

Sagen wir es mal so, die Leute sind eigentlich sehr freundlich, aber gerade in den touristischen Gegenden lästig wie Schmeißfliegen. Ständig wird man angesprochen, man solle etwas kaufen, oder das 100. Foto mit Kira und Mirko zulassen. Ich weiß nicht wie oft meine gar nicht so blonden Kinder jetzt irgendwo im tiefsten Indonesien auf Familienbildern auftauchen.

Zum Straßenverkehr sage ich besser nichts. Unendlich viele Mofas (auf die passt dort übrigens eine vierköpfige Familie inkl. Neugeborenem und Einkäufen oder Hund!), Ampeln sind nur Dekoration, und selbst wenn der Verkehrspolizist sich nur kurz umdreht, läuft hinter seinem Rücken wieder alles schief.

Dazu kommt, dass es durch die Reisfelder schier unendlich viele Moskitos gibt, und nicht nur durch die täglichen Opferschalen, sondern auch durch Plastikabfälle jede Menge Müll. Da lob ich mir die Nordseequallen, die fühlen sich besser an als Plastiktüten, die einem ständig an den Beinen hängen. Der Kurzurlaub war trotzdem sehr schön, aber wir waren alle froh, als wir endlich wieder zurück im geregelten, sauberen Singapur waren.

Tempelanlage

Reisfelder

Indonesische Legong-Tänzerinnen

 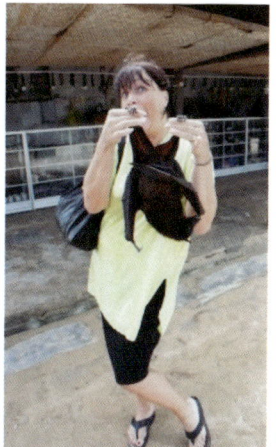

Wasserschildkröten und Flughunde zum Anfassen auf Turtle-Island

Und nun noch ein wenig schnorcheln

6 MULITI-KULTI-FEIERTAGE À LA SINGAPUR

Feiertage haben wir hier auch sehr interessante. In Singapur gibt es elf Feiertage, von denen drei weltlich und die restlichen kulturell, religiös oder ethnisch sind.

Weltliche Feiertage:
Neujahr - 1. Januar
Tag der Arbeit - 1. Mai
Nationalfeiertag - 9. August, Unabhängigkeitstag von 1965

Chinesische Feiertage:
Chinesisches Neujahrsfest nach dem Chinesischen Kalender - 21. Januar - 21. Februar
2. Neujahrstag nach dem Chinesischen Kalender - 22. Januar - 22. Februar

Islamische Feiertage:
Hari Raya Puasa
Hari Raya Haji

Indische Feiertage:
Vesak-Tag - 1. Mai - 30. Mai
Deepavali - 15. Oktober - 15. November

Christliche Feiertage:
Karfreitag - 20. März - 23. April
Weihnachten - 25. Dezember

Man lernt dadurch Einiges über die verschiedenen Menschengruppen, die hier leben. Das zieht sich durch bis zum Essen. Man bekommt hier einfach alles (ok, außer leckerem Weingummi) von Kühne Cornichons über getrockneten Seetang, Sushis, Curries und Steaks. Einer der beliebtesten Zeitvertreibe der Singapurer ist das Essen. Überall und zu jeder Tageszeit sitzen die Leute, vor allem auf den öffentlichen Essplätzen, zusammen und essen. Manches ist schon sehr gewöhnungsbedürftig, aber das meiste ist sehr lecker, und wir probieren uns quer durch die Küchen dieser Welt. Ich habe mir eine persönliche Spezialitäten-Ekelliste (darüber später mehr) erstellt und versuche tapfer, diese abzuarbeiten.

Genau so wichtig, wie alles Mögliche an Essen und Trinken auszuprobieren, finde ich, fremde Kulturen und Bräuche kennen zu lernen. So stand am 20. Januar dann auch schon das nächste fremdländische Fest auf meinem Terminkalender: Thaipusam. Das indische Fest der Buße und Hingabe.

Thaipusam ist das Vollmondfest der hinduistischen Tamilen. Das Fest wird zu Ehren des Gottes Murugan, Sohn von Shiva und Parvati, abgehalten. Der Sage nach sorgte der Dämon Tharakasuran für Unheil und Böses. Shiva und Parvati erlegten ihrem Sohn die Bürde auf, das Böse zu besiegen. Thaipusam erinnert an den Tag, an dem Parvati Murugan eine magische Waffe, den so genannten Vel, übergab, und dieser das Böse bezwingen konnte. Heutzutage steht Thaipusam für viele tamilische Hinduisten im Zeichen der Buße.

Also sind Petra und ich los. Zuerst zum Sri Srinivasa Temple, wo die gläubigen Inder, die an dem Festzug des Taipusam teilnehmen möchten, vorbereitet werden. Die Familien und Freunde sind alle versammelt und jeder bereitet in seiner Gruppe den Gläubigen vor. Er wird angezogen, gesegnet, es gibt Gesänge, Tänze, Räucherstäbchen und monotones Trommeln. Prachtvolle Gestelle werden auf die Schultern gesetzt, Haken, Ketten und Stangen werden durch die Haut des Trägers gestochen oder gespießt. Zum Schluss werden Spieße durch die Wangen und durch die Zunge gestochen, damit dem Gläubigen kein böses Wort über die Lippen kommen kann. Komischerweise fließt kaum Blut, alle sind wie in Trance.

Auch in diesem Tempel hatte ich, wie so oft in diesem Land, gleich wieder einen kleinen, kräftigen, älteren Inder an der Hand, der mich mit zur Essensausgabe zog und nicht locker ließ, ehe ich brav probierte und meinen typisch singapurischen Getränkebeutel in der Hand hielt. Und dabei sehe ich doch wirklich nicht unterernährt aus.

Weiter ging's dann über einen Teil des Prozessionsweges bis zum Sri Thendayuthapani Tempel, wo die Gläubigen empfangen und wieder „entspießt" werden.

Ganz schön beeindruckend das alles, und wir mittendrin im Trubel. Ich war heilfroh, als ich Zuhause erst einmal duschen und in Ruhe die ganzen Eindrücke sacken lassen konnte.

Vorbereitung der Gläubigen im Tempel

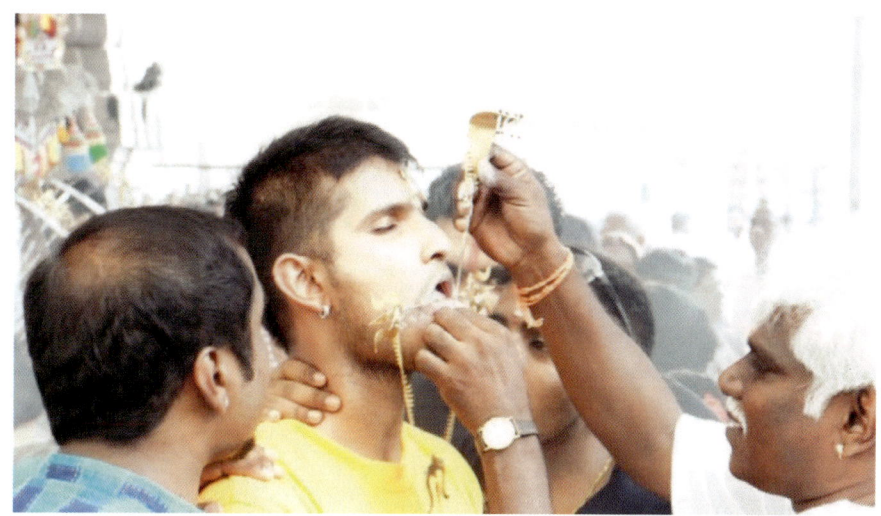
Durchstechen der Nadeln

Fertig geschmückt geht es los

7 CHINESE NEW YEAR 2011 – DAS JAHR DES HASEN

Nach den indischen Feiertagen, von denen ich schon erzählt habe, dem indischen Beginn des neuen Jahres (Deepavali), kamen wir Christen mit Weihnachten und Silvester, und dann kam das wohl wichtigste Fest hier in Singapur (bei 80 % Chinesen an der Gesamtbevölkerung auch kein Wunder), Chinese New Year.

Noch ein paar kurze Worte zu Deepavali (Diwali, Dipavali oder Divali) „Lichterfest":
Kernaussage des Festes ist der Sieg des Guten über das Böse, Licht über Dunkelheit und das Erkennen eigener innerer Stärken. Für viele Hindus, geht es auf den Tag zurück, an dem Gott Rama mit seiner Frau Sita und seinem Bruder Lakshmana nach 14-jährigem Exil im Dschungel in seine Hauptstadt Ayodhya zurückkehrte, so wie es das Ramayana beschreibt. Da es dunkel war, entzündeten die Menschen Öllampen entlang seines Wegs. Wesentliches Element von Diwali sind daher die Lichter. Waren es ursprünglich nur kleine Öl-Lampen – in Reihen an Fenster oder Eingänge gestellt –, sind es heute zunehmend elektrische Lichterketten, die Wohnhäuser, Geschäfte und Straßen im ganzen Land erleuchten. Nach

einer Deutung dieses Brauchs zeigen die Lichter den Pitris, den Geistern der Toten, den Weg in das Land der Seligkeit.

Süßigkeitenverkauf zu Deepavali in Little India

Deepavali-Bazar in Little India

So, nun weiter im Text: Das aktuelle chinesische Neujahrsfest hat am 3. Februar begonnen. Das Jahr des Tigers ging zu Ende, und das Jahr des Hasen begann.

Millionen von Chinesen reisen für die Festtage zurück in ihre Heimatdörfer zu ihren Familien und Verwandten. Es ist jährlich weltweit die größte Völkerwanderung. Keine Feier weltweit lähmt ein Land dermaßen wie das chinesische Neujahrsfest. In China ziehen die Arbeitermassen (und nicht nur die über 200 Millionen Wanderarbeiter) von den wirtschaftlichen Metropolen an der Ostküste zurück in die Provinzen. Mit den privaten und öffentlichen Transportmitteln, vor allem den Zügen, werden dort über 1,5 Milliarden Einzelreisen während der Festtage registriert.

Ich hab mir alle wichtigen Hintergrundinformationen, wie bei den anderen Festen auch, brav durchgelesen, und da ich zu Deepavali in Little India war, musste ich natürlich vor unserer Fahrt nach Malaysia unbedingt noch nach Chinatown. Wer macht so was mit? Richtig, Petra! Also sind wir 2 am letzten Abend vor Beginn der Feiertage nach Chinatown gefahren. Petra hat ja schon ein paar Jahre Shanghai hinter sich. Das will heißen, sie fand das Chaos und die Marktstände völlig normal. Ich dagegen war völlig irritiert. Das kann man sich nicht vorstellen, alles ist geschmückt, wie ein überladenes Chinarestaurant, überall Hasen, Musik, Marktschreier, Grußformeln, Glücksbringer, Lichter, alles leuchtet gold und vor allem rot, die Farbe des Glückes.

Wir haben uns einfach treiben lassen, und da wir ja gut geimpft sind, haben wir auch alles Mögliche an angebotenen Süßigkeiten probiert. Das meiste bunt und geleeartig, mit mehr oder weniger Geschmack, meistens weniger. Fühlt sich an wie schwabbelige Qualle. Alfred Biolek würde sagen: INTERESSANT!

Chinatown

Zum Abschluss haben wir dann natürlich auch den obligatorischen Chinese New Year Salad bestellt, zum traditionellen „Lo hei". Die Bedienung hatte Spaß an uns. Der Salat besteht aus vielen kleinen, einzelnen Häufchen verschiedener Salate, Gemüse und Obst, natürlich eingefärbt, und Fisch. Das muss dann alles wild und im hohen Bogen mit den Essstäbchen vermengt werden, und dabei muss man sich etwas wünschen. Also, unsere Kellnerin hat auch kräftig mitgemengt. Wenn sie das bei jedem Salat macht, ist sie wohl der glücklichste Mensch im Jahr des Hasen.

Lo Hei

Lo Hei (Yú shēng) ist eine traditionelle Vorspeise, die Glück für das neue Jahr bringen soll. Sie wird normalerweise am 7. Tag des Chinese New Year gegessen. Traditionsgemäß versammelt sich die Familie und Freunde um den Tisch und werfen die geschnittenen Zutaten mit ihrem Essstäbchen in die Luft, während sie verheißungsvolle Wünsche ausrufen und somit den Beginn des neuen Jahres ausrufen. Man glaubt, dass je höher man den Salat wirft, desto mehr Glück wird man haben.

Zutaten sind: dünne Scheiben geschnitten frischen, rohen Lachs, klein geschnittener Rettich, geraspelte Möhren, Paprika, Ingwer, Limonenbaum-Blätter, chinesische Petersilie, gemahlene Erdnüssen, gerösteter Sesam, Garnelen, chinesische Cracker und Fünf-Gewürze-Pulver. Das Dressing wird in erster Linie aus Pflaumen-Sauce gemacht.

Was war noch in dem Salat? Jellyfish - und was ist Jellyfish: Ja: Qualle! Ich hab das zuerst gar nicht finden können, aber unsere Kellnerin hat mir dann erklärt, dass man die Qualle trocknet und in Streifen schneidet. Vor dem Verzehr wird sie dann wieder eingeweicht. Sie ist hell, schwabbelig und beim Kauen etwas knorpelig, aber ohne Geschmack. Und weil wir so interessiert waren, gab es dann auch glatt noch einen Nachschlag Qualle – hahaha. Wir haben es brav untergemengt und gegessen.

Ein weiteres Ritual an Chinese New Year ist der Lion Dance. Er gilt als glücksbringendes Ritual - wohlhabende Familien oder auch zunehmend Firmen engagieren solche Artisten. Unter ohrenbetäubendem Trommel-, Blech- und Schellenschlägen lassen die Männer als Drachen verkleidet diesen tanzen.

Lion Dance

Die „Ang Pow", Geldgeschenke in roten Umschlägen (aber nur neu gedruckte Geldschein, die nicht geknickt werden dürfen), haben wir auch verteilt. Man wünscht „gong xi fa cai" (Happy New Year), und überreicht den Umschlag, wie jedes Geld oder Karten, die man in Singapur gibt oder nimmt, immer mit beiden Händen! Das rührt noch von früher und zeigt dem Gegenüber, dass man ihn nicht angreifen will.

Ang Pow (Geldumschläge)

Eine weitere große Feierlichkeit in Singapur ist die Chingay-Parade. Mit ausgefallen dekorierten Umzugswagen, kreativen Auftritten und bunten Kostümen feiert Singapur zum Mondneujahr seine eigene Multikulturalität. An zwei aufeinander folgenden Tagen findet dazu ein Umzug durch die Innenstadt statt, abends bereiten Singapurer Künstler ein buntes Unterhaltungsprogramm. Wir waren natürlich auch dabei und haben mit vielen anderen Deutschen, alle in Deutschlandfarben und Trikots, die deutsche Gruppe unterstützt.

Chingay Parade in Singapur

Mondfest – Mittherbstfest

Beim Mondfest oder Mittherbstfest handelt es sich um ein traditionell chinesisches Fest, das im Allgemeinen auch als Mondfest bezeichnet wird. Das Fest richtet sich nach dem Mondkalender aus und findet immer am 15.Tag des 8. Monats statt. Zu diesem Zeitpunkt ist der Mond an dem tiefsten Punkt der Mondlaufbahn angekommen. Der Mond leuchtet am Mittherbstfest besonders hell, heller als an jedem anderen Tag des Jahrs.

Die Geschichte des chinesischen Mittherbstfestes ist wie viele andere Feste, reich an Überlieferungen und Legenden. Laut einer Sage lebte ein Herrscher namens Hou Yi, der sehr tyrannisch war. Der Mythos besagt, dass er durch das Abschießen von neun Sonnen mit seinem Bogen das Elexir der Unsterblichkeit gewinnen konnte.

Chang E, seine Frau, trank selber den Zaubertrank, da sie der festen Überzeugung war, dass die Menschheit für alle Zeit unglücklich bleiben würde. Durch das Trinken der Flüssigkeit wurde sie so leicht und schwerelos, dass sie bis hin zum Mond schwebte. Auch heute noch glauben viele Chinesen daran, dass der Mond das Zuhause von Chang E, der Frau des Herrschers, ist.

Eine weitere Legende spricht von einem Mann im Mond, der von Gästen im Wirtshaus verspottet wurde, weil er eine Schreibtafel bei sich trug. Auf Nachfrage der Gäste, warum er eine Tafel dabei habe, antwortete er, dass er auf der Tafel die Namen aller glücklich Liebenden verzeichnen will, die nach dem Schicksal bestimmt waren zu heiraten und glücklich miteinander zu leben. Viele Liebende heiraten in China daher am Tag des Mittherbstfestes.

Beim Mondfest handelt es sich um ein eher dezentes Fest, bei dem im Freien getanzt, gefeiert und der Vollmond genossen wird. Typisch ist auch der Mondkuchen, eine Backware, die mit einer Lotussamen-Paste gefüllt ist. Außerdem werden auch gern Pomelos verschenkt, die durch ihre Form ebenfalls an den Vollmond erinnern.

Mooncake

Chinesischer Valentinstag

Der letzte Tag des Lunar New Year, auch bekannt als chinesische Valentinstag ist ein Tag, an dem Singles in die Gärten gehen, in denen es einen See gibt. Dort werfen Sie Orangen mit ihren Zahlen hinein, in der Hoffnung, dass die Single Männer ihre Orangen herausholen und ihre Zahl wählen.

Laternenfest

Der 15. Tag des ersten Monats nach dem chinesischen Mondkalender ist das Laternenfest. Am Laternenfest werden überall in China große Laternenausstellungen veranstaltet, bei denen Laternen in verschiedenen Formen gezeigt werden. In dieser Nacht spielen die Kinder mit selbst hergestellten oder gekauften Laternen auf der Straße, was ihnen großes Vergnügen bereitet.

Es ist Sitte, am Laternenfest Yuanxiao oder Tangyuan (Klößchen aus klebrigem Reismehl mit süßer Füllung) zu essen. Da im Chinesischen Tangyuan und Tuanyuan (Familientreffen) fast gleichklingend sind, glaubt man, dass die Familie glücklich sein und in Eintracht leben könne, wenn alle Familienangehörigen Tanyuan gegessen hätten.

Am Tag des Laternenfestes werden an vielen Orten volkstümliche kulturelle Darbietungen wie Tanz mit drachenförmigen Laternen, Löwentanz, Tanz auf Stelzen, Yangge-Tanz und Trommeltanz organisiert. Am Abend wird ein prächtiges Feuerwerk veranstaltet. Die Nacht des Laternenfestes ist die erste Nacht mit Vollmond im neuen Mondjahr. Der Glanz des Feuerwerks und der Laternen auf der irdischen Welt und der Widerschein des hellen Mondes im Himmel übertreffen sich in ihrem Leuchten.

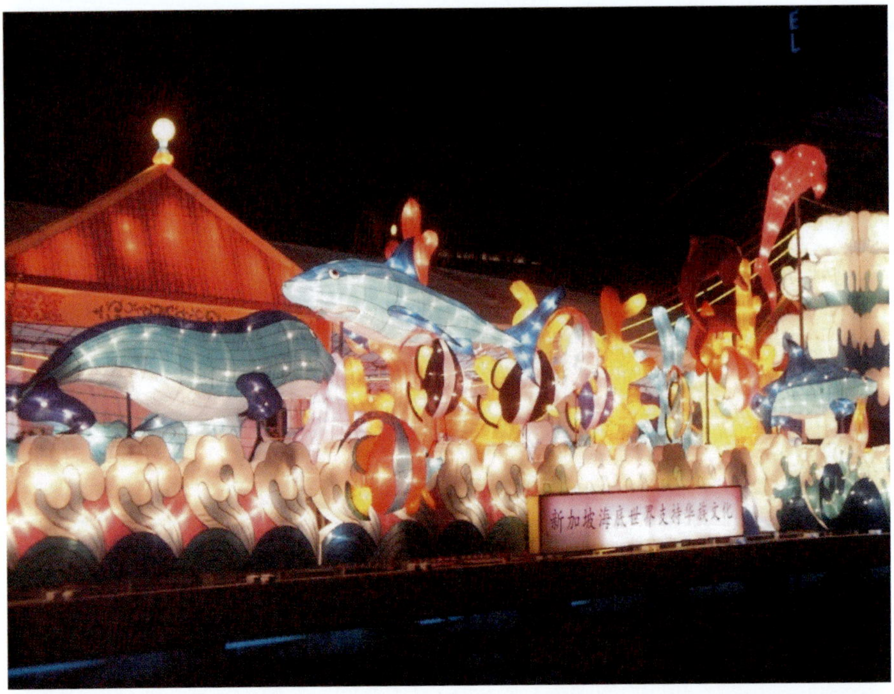
新加坡海底世界支持华族文化

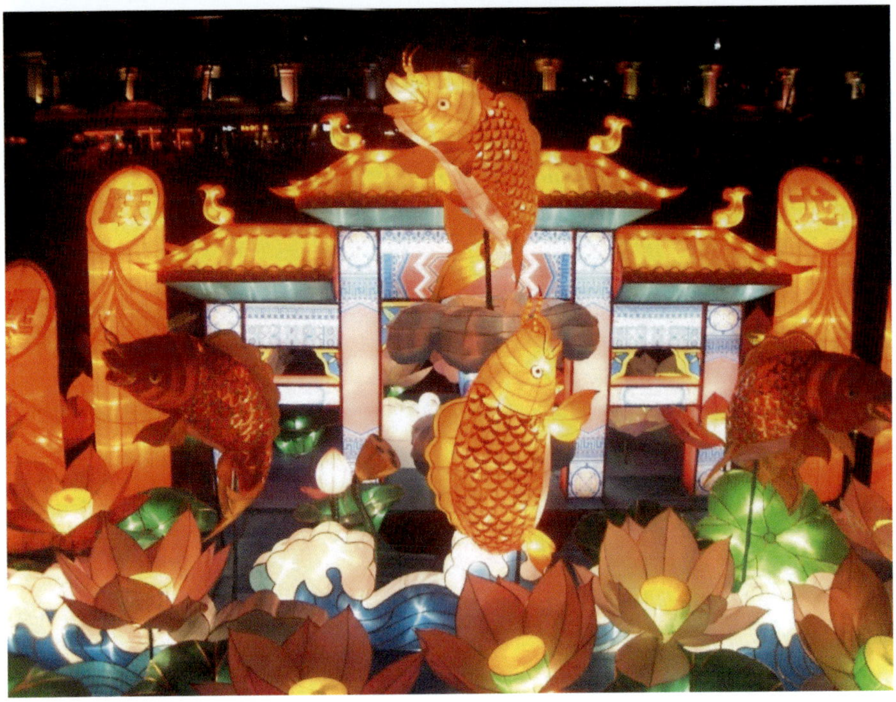

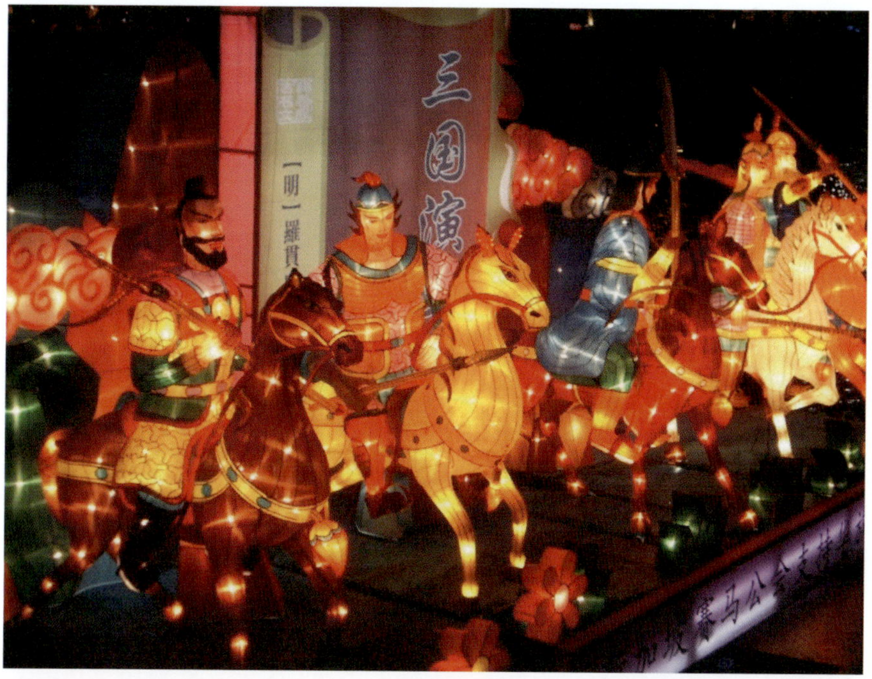
三国演
【明】羅貫
赛马公会

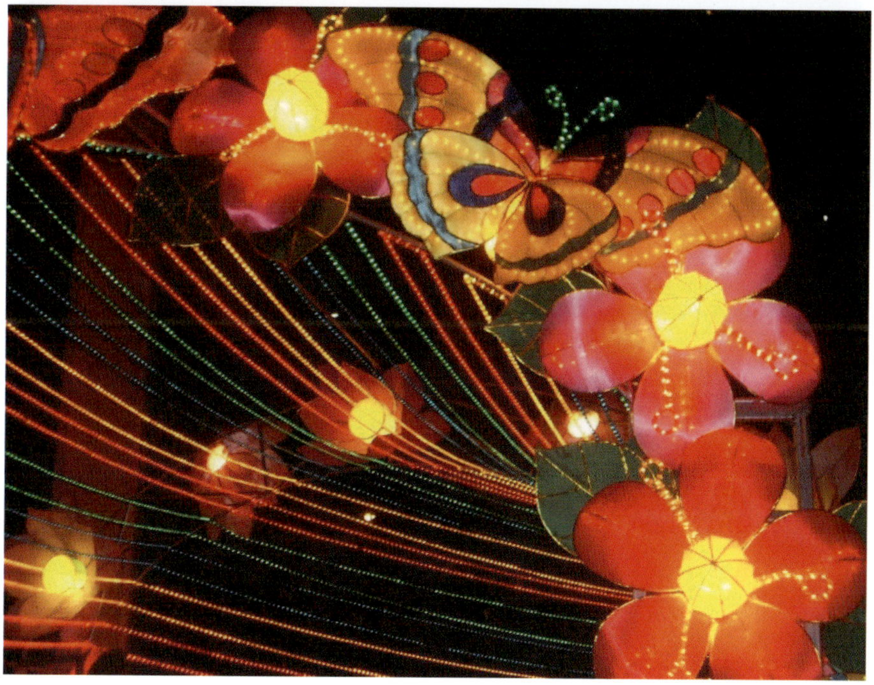

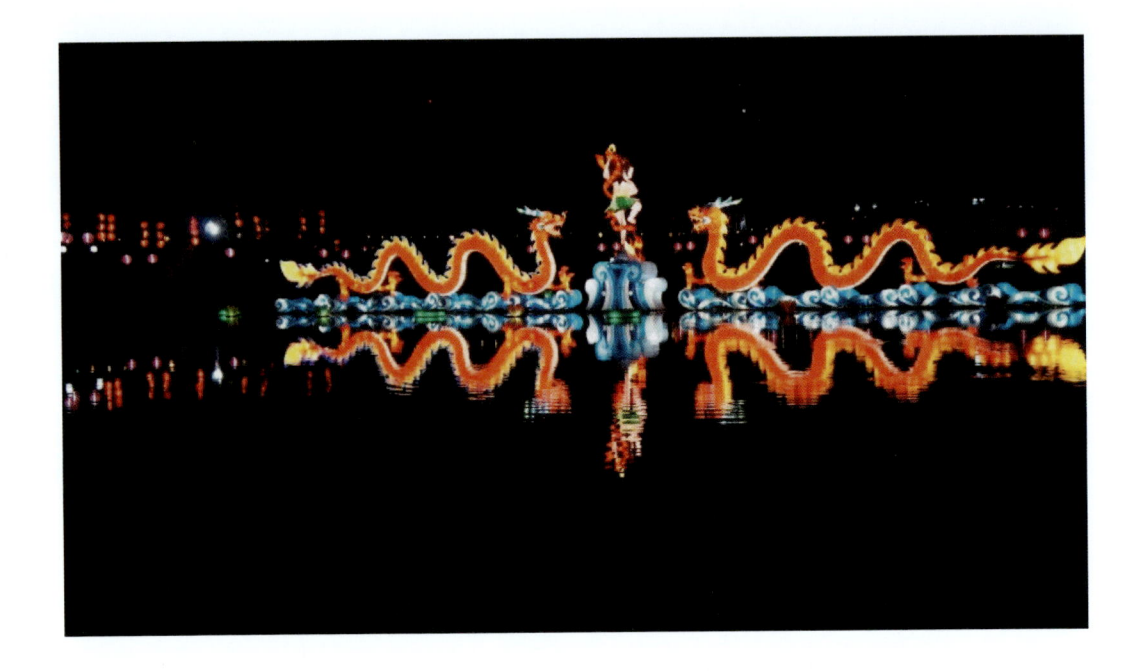

Qixi Festival

Das Weber Mädchen und der Kuhhirte feiern ihr jährliches Zusammentreffen am 7. Tag des 7. Monats im Mondkalender. Diese Fest nennt sich „Qixi Festival" auch bekannt als „Qiqiao Festival".

Der junge Hirte Niulang traf das schöne Mädchen Zhinü, die siebte Tochter der Göttin, die gerade dem langweiligen Himmel entflohen war, um etwas Vergnügen zu finden. Zhinü verliebte sich in Niulang und sie heirateten, ohne das Wissen der Göttin. Sie lebten glücklich und hatten zwei Kinder.

Als die Göttin des Himmels dies erfuhr war sie wütend und befahl Zhinü in den Himmel zurück zu kommen. Niulang war sehr traurig, dass seine Frau verschwunden war.
Plötzlich begann sein Ochse zu reden und sagte ihm, dass er ihn töten solle. Wenn er dann sein Fell anzöge, wäre er in der Lage in den Himmel auf zu steigen um seine Frau zu suchen. Niulang weinte bitterlich als er den Ochsen tötete. Dann zog er sein Fell über und trug seine beiden geliebten Kinder hoch in den Himmel, um Zhinü zu finden. Die Göttin entdeckte dies und war sehr wütend.

Sie nimmt ihre Harpune und kratzt einen breiten Fluss in den Himmel, um die beiden Liebenden für immer zu trennen, wodurch die Milchstraße zwischen Altair und Vega entsteht. Zhinü muss nun für immer auf der einer Seite des Flusses sitzen und traurig auf Ihrem Webstuhl weben, während Niulang auf ihre beiden Kinder achtet und sie aus der Ferne beobachtet. Einmal im Jahr aber haben alle Elstern in der Welt Mitleid mit ihnen und fliegen gemeinsam in den Himmel, um eine Brücke zu bilden, damit die Liebenden für eine Nacht zusammen sein können. Dies geschieht in der siebten Nacht des siebten Mondes.

织女牛郎鹊桥会

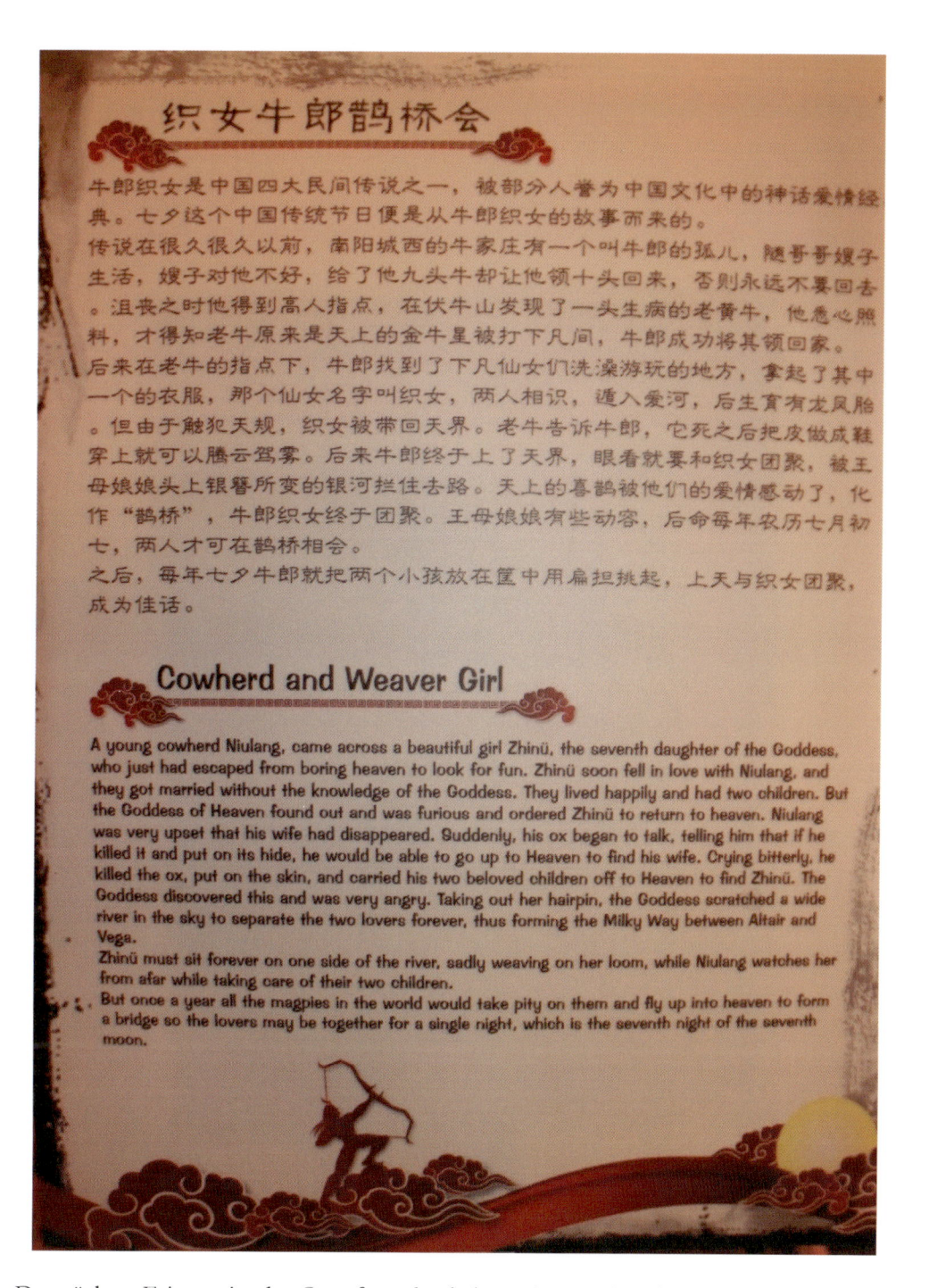

牛郎织女是中国四大民间传说之一，被部分人誉为中国文化中的神话爱情经典。七夕这个中国传统节日便是从牛郎织女的故事而来的。

传说在很久很久以前，南阳城西的牛家庄有一个叫牛郎的孤儿，随哥哥嫂子生活，嫂子对他不好，给了他九头牛却让他领十头回来，否则永远不要回去。沮丧之时他得到高人指点，在伏牛山发现了一头生病的老黄牛，他悉心照料，才得知老牛原来是天上的金牛星被打下凡间，牛郎成功将其领回家。

后来在老牛的指点下，牛郎找到了下凡仙女们洗澡游玩的地方，拿起了其中一个的衣服，那个仙女名字叫织女，两人相识，遂入爱河，后生育有龙凤胎。但由于触犯天规，织女被带回天界。老牛告诉牛郎，它死之后把皮做成鞋穿上就可以腾云驾雾。后来牛郎终于上了天界，眼看就要和织女团聚，被王母娘娘头上银簪所变的银河拦住去路。天上的喜鹊被他们的爱情感动了，化作"鹊桥"，牛郎织女终于团聚。王母娘娘有些动容，后命每年农历七月初七，两人才可在鹊桥相会。

之后，每年七夕牛郎就把两个小孩放在筐中用扁担挑起，上天与织女团聚，成为佳话。

Cowherd and Weaver Girl

A young cowherd Niulang, came across a beautiful girl Zhinü, the seventh daughter of the Goddess, who just had escaped from boring heaven to look for fun. Zhinü soon fell in love with Niulang, and they got married without the knowledge of the Goddess. They lived happily and had two children. But the Goddess of Heaven found out and was furious and ordered Zhinü to return to heaven. Niulang was very upset that his wife had disappeared. Suddenly, his ox began to talk, telling him that if he killed it and put on its hide, he would be able to go up to Heaven to find his wife. Crying bitterly, he killed the ox, put on the skin, and carried his two beloved children off to Heaven to find Zhinü. The Goddess discovered this and was very angry. Taking out her hairpin, the Goddess scratched a wide river in the sky to separate the two lovers forever, thus forming the Milky Way between Altair and Vega.

Zhinü must sit forever on one side of the river, sadly weaving on her loom, while Niulang watches her from afar while taking care of their two children.

But once a year all the magpies in the world would take pity on them and fly up into heaven to form a bridge so the lovers may be together for a single night, which is the seventh night of the seventh moon.

Der nächste Feiertag ist das Osterfest, also haben wir erst einmal etwas Ruhe. Und stellt euch vor, es gibt hier sogar Schoko-Osterhasen zu kaufen. Wenn man sie heil vom Supermarkt über's Auto nach Hause bekommt, sollte man sie aber schleunigst trinken oder auf jeden Fall in den Kühlschrank stellen!

8 KURZURLAUB AUF SIBU ISLAND, MALAYSIA

Damit das Leben hier auch nicht zu langweilig wird, und da wir nicht mehr nach Oostkapelle (NL) fahren können, haben wir eine gleichfalls 3-stündige Fahrt in Kauf genommen, um über Chinese New Year nach Malaysia zu fahren.

Wir haben mit einem Boot übergesetzt nach Sibu Island, und dort 3 Nächte verbracht. Was kann man da machen? Schnorcheln, abhängen, lesen, essen, trinken und Muscheln sammeln.

Alles war ziemlich „basic". Die Hütten waren offen, nur ein Deckenventilator, aber durch den Wind hat man das Klima sehr gut ertragen können. Wenn man sich dann abends in sein Moskitonetz verkrochen, sich irgendwann an alle Geräusche gewöhnt hatte und mit der Tatsache klar kam, quasi draußen zu liegen, konnte man sogar einschlafen. Nein, es war wirklich sehr schön und sehr erholsam. Holland mit Wettergarantie aber ohne Kibbelinge, Fritten Spezial und Grimbergen! Auf jeden Fall ein schönes Kontrastprogramm zum ständig pulsierenden Singapur.

Unsere Hütte

Unsere Betten

Blick auf's Meer

9 OSTERFERIEN 2011 – URLAUB AUF KOH SAMUI, THAILAND

In den Osterferien haben uns unsere Freunde aus den USA in Singapur besucht. Die Chrise Familie besteht aus Mutter Dianna, Vater Jim, Tochter Amanda und Sohn Tanner. Wir haben endlich einmal zeigen können, was es hier so alles zu sehen gibt, und dann ging es gemeinsam am 16. April von Singapur Richtung Thailand. Unser Resort war sehr schön, das Haus groß genug, dass wir alle ausreichend Platz hatten, mit einem eigenen Pool. Morgens bekamen wir sogar das Frühstück in unser Haus gebracht.

Die Schäden des Unwetters, das kurz vorher hier getobt hatte, waren soweit alle beseitigt, wobei wir sehr oft noch Stellen gesehen haben, an denen riesige Felsbrocken angespült worden waren, Straßenstücke einfach fehlten und Geschäfte noch Mitten im Schlamm standen. Es ist schon erschreckend, was die Natur für eine Kraft hat, und nach der Katastrophe von 2009 wirkte das alles noch viel beklemmender.

Wir haben viel unternommen, Safaritour, Elefantenreiten, Schnorchel-Tour, Tempelanlagen etc. Dann haben wir uns noch für 2 Tage Mofas ausgeliehen und die Insel unsicher gemacht. Alles in allem war ich ganz begeistert von Koh Samui. Die Menschen waren sehr nett und gastfreundlich. Dezent und zurückhaltend. Natürlich schwingt dort, wo Touristen sind, wie überall in Asien auch immer ein Hauch Sextourismus mit. Das ist sehr schade. Auf der einen Seite empfindet man sehr oft Mitleid, gerade mit den jungen Mädchen, die sich so anbieten. Auf der anderen Seite sind diese Frauen aber auch oft so penetrant, dass man als Frau wirklich unfassbar sauer wird.

Die Natur ist auf jeden Fall sehr beeindruckend, das bergige Landesinnere, die wunderschönen Strände mit einer faszinierenden Unterwasserwelt. Das Wetter ist von der Sonneneinstrahlung hier noch heißer als Singapur, aber immer mit einem leichten Wind, was es angenehmer macht, besonders abends, wenn die Sonne untergegangen ist.

Als großer Fan der Thai-Küche war ich dort natürlich im Paradies, und da alles sehr günstig ist, haben wir auch alles Mögliche probieren können. Aber Green Curry und Thai Kokossuppe mit Huhn (Tom Kha Ghai) bleiben meine Favoriten.

Am 25.04.11 hieß es dann wieder Abschied nehmen und es ging zurück nach Singapur. Dort ist Amanda noch 2 Tage mit Kira in die Schule gegangen, bevor es am 29.04.11 dann Abschiednehmen hieß, da der Flieger zurück in die USA ging.

Unsere Ferienanlage

Unser Ferienhaus mit Pool

Der Strand vor unserem Haus

Ein kleiner Golfausflug    *Liegender Buddha*

12 m hohe Big Buddha Statue    *Kautschukgewinnung*

Das Landesinnere der Insel

Jeep-Tour und Elefantenreiten

Dressierte Äffchen, die Kokosnüsse von den Palmen holen

Straßenleben

18-armige, weibliche Mönchsstatue Yao Mae Kuan

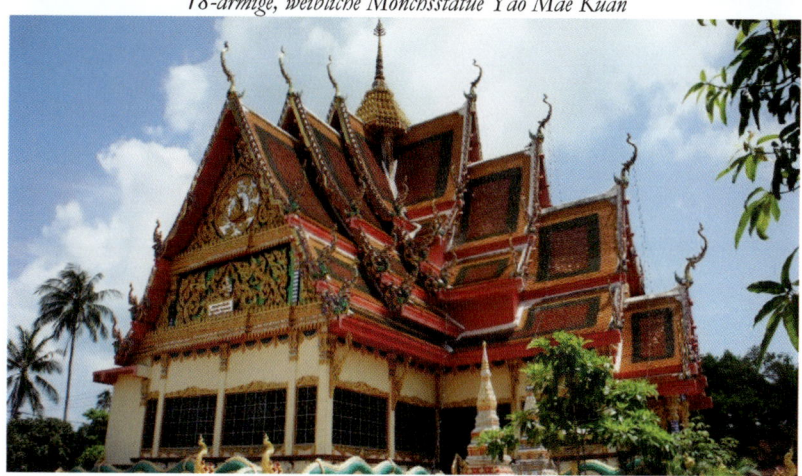

Auf Lotos gebettet: Bot Wat Plai Laem

Und auf zu einer kleinen Schnorcheltour

10 SINGAPUR-ALLTAG

Bei uns ging der normale Singapur-Alltag weiter. Kira hatte sich für die südostasiatischen Schulmeisterschaften qualifiziert und das bedeutete jetzt sogar am Wochenende zusätzliches Training in den Disziplinen Basketball, Fußball, Leichtathletik und Schwimmen. Kira hat diese Zeit sehr genossen, auch wenn es wahnsinnig anstrengend war. Leider hat es am Ende nicht ganz gereicht, und sie war erste Ersatzsportlerin. Aber stolz war sie zu Recht und noch stolzer, als sie ihr eigenes Trikot mit ihrem Namen überreicht bekam. Die Schulmannschaft machte in Manila übrigens den 1. Platz in der Gesamtwertung.

Hajo und Mirko widmeten sich hier weiterhin dem Golfen und dank Hajos Dienstreisen nach China, waren die beiden schon gut ausgestattet und machten auch optisch einen guten Eindruck.

Ich ging morgens oft in den Sportraum, hatte aber mit Petra beschlossen, doch einmal Bauchtanz auszuprobieren - den Bauch hatten wir ja schließlich. Also, beim Community Centre (Volkshochschule-lah) angemeldet und auf ging's.

Sagen wir es mal so: es war eine Erfahrung und gelacht haben wir auch viel, sowohl über uns als auch über die zierlichen Asiatinnen, die mit uns dabei waren. Weder zu wenig Figur noch zu viel Figur sehen richtig gut aus, und dazu noch die erotischen Hand- und Fingerbewegungen. Vielleicht habe ich doch einfach zu viel „Mann" in mir – nun ich sehe mir Bauchtanz auf jeden Fall immer noch sehr gerne an, bin aber davon abgekommen zu hoffen, es meinerseits einmal anderen vorzuführen.

Wake-Boarden an der East Coast

Kletterpark

Das Motorrad unseres Postboten

11 LINKSVERKEHR UND FÜHRERSCHEINPRÜFUNG

Mit dem Linksverkehr komme ich mittlerweile schon ganz gut zurecht. Ich habe mich daran gewöhnt, dass das Auto links breiter ist als rechts, ich steige nur noch selten falsch ein und ich blinke mittlerweile ohne jedes Mal den Scheibenwischer einzuschalten, wenn ich abbiegen will. Ok, den Innenspiegel suche ich immer noch rechts außen und beim Anschnallen geht die linke Hand nach oben ins Leere – aber ich arbeite dran!

Deshalb war es für uns noch wichtig, dass wir vor Ablauf unseres ersten Singapur-Jahres den Führerschein hier machen. Man darf hier ein Jahr mit deutschem Führerschein fahren und dann muss man innerhalb dieses Jahres einen Basis Theorie-Test machen. Versäumt man dies, muss man zusätzlich auch einen Praxistest bestehen.

Also haben wir brav das Führerschein-Heftchen gelesen und online die Multiple Choice Fragen geübt. Da waren zum Teil recht sonderbare Fragen dabei wie z. B.:

Sie kommen an einen Zebrastreifen, wie verhalten Sie sich?
a) Sie fahren langsam heran und stoppen wenn nötig.
b) Sie halten an.
c) Sie halten an und warten, bis das Zebra sicher die Straße überquert hat.

Manchmal ist man sich auch einfach nicht sicher, andere Länder, andere Sitten.

Am Tag der Prüfung mussten wir mit unseren Unterlagen zur Fahrschule und kamen dort in einen Raum mit ca. 60 Bildschirmplätzen (außer uns waren noch 2 Weiße dabei). Dann ging es los. Platznehmen, Erklärungen, Sprache einstellen (Englisch, Chinesisch,

Malayisch oder Indisch wählen) und dann 50 Fragen beantworten. Ist man fertig und bestätigt dies, kommt auch schon das Ergebnis: PASSED! Puh, strike! Wäre das auch geschafft, und irgendwie kommt man sich auf einmal doch ein bisschen schlauer im Linksverkehr vor!

12 DIE KLEINEN SCHWARZEN FÜSSE

Ein immer wieder interessantes und nie endendes Thema sind die, von mir so liebevoll „kleine schwarze Füße" genannten Handwerker aller Nationen, die hier in Schwärmen durch die Wohnanlage und eigentlich auch durch's ganze Land schwirren.

Ich weiß noch wie verwirrt ich war, als die ersten Reparaturen in unserer Wohnung anstanden, ich die Türe öffnete und ca. 8 kleine, dunkelhäutige Männlein mich mit großen weißen Augen anschauten. Da es sich meistens um Malayen, Inder oder Chinesen handelt, die kein, aber auch kein einziges Wort Englisch sprechen, sind Begegnungen dieser Art eigentlich von der ersten Sekunde an zum Brüllen, teils vor Lachen, teils aus purer Verzweiflung.

Stumpf reden sie in ihrer Muttersprache auf mich ein, ich antworte in Englisch - Pause - dasselbe wieder - dann wird mit Hilfe des Werkzeugeimers, den sie mit sich führen (das ist ein alter Farbeimer, in dem sie ihr Werkzeug mit sich herum tragen) und Pantomime versucht zu erklären, was gemacht werden soll. Und glaubt mir, es ist nicht die einfachste Übung, pantomimisch zu erklären, dass das Fugenmaterial der Schiebetüre nun schon zum 4. Mal komplett herausgebröckelt ist und ich das gerne durch Silikon ersetzt haben möchte!

(der berühmte Werkzeugeimer mit Werkzeug, aber schon in der de luxe Ausstattung)

Nun denn, auf ein Neues. Türe auf und los geht es: Alle Mann eintreten!

Mittlerweile sehe ich das recht entspannt und kann darüber lachen, aber wir sind Erstbezug in unserem Apartment und ich habe mittlerweile ca. 80 Stunden Arbeiter beaufsichtigt und das bei den verschiedensten Arbeiten.

Es fing eigentlich schon am ersten Tag an: 2 von 3 Flammen des Gasherdes funktionierten nicht, und die Waschmaschine pumpte die erste Wasserfüllung erst einmal komplett in die Küche. Der Ablauf war verstopft. Da hier aber zum Glück eh alles auf Wassereinbruch gebaut wird, lief alles durch den Ablauf im Küchenboden wieder zurück – alles, bis auf die Styroporstückchen und die Fusseln aus der Maschine.

Der Trockner war leider falsch angeschlossen und kondensierte unter sich (quasi ein Inkontinenz-Trockner).

Neben etlichen Kleinstarbeiten wurde die längste Zeit damit verbracht, die Wohnzimmerschiebetüre passend zu schlagen, bis man feststellte, hups, ein Element ist ja zu lang.

Die Setzrisse, und davon gab es etliche, wurden verspachtelt und überstrichen. Dabei war die schlimmste Arbeit, vorher die Risse mit Abklebeband zu markieren und hinterher die Farbtupfer der Handwerker wieder zu beseitigen. Also die, die halt schon mal entstehen, wenn man den Pinsel ablegt oder zu viel Farbe nimmt. Um Bilder wurde herum gestrichen, und auch sonst war einfach nichts sicher.

Wir hatten oben an der Wohnzimmerdecke einen braunen Fleck, zugegeben in 5 m Höhe ist das schon recht hoch, aber er war nun mal da. Also ging es los: Die Handwerker versuchten die Decke zu erreichen, aber so sehr man sich auch streckte, die Leiter war einfach zu kurz. Dann kamen sie mit einem Seil, gingen auf den Balkon (5. Etage), zogen Leiter-Einzelelemente nach oben und bauten die Leiter im Wohnzimmer zusammen. Dann wurde der Fleck einfach weiß angestrichen. Und was man nicht sieht, ist auch nicht da!

Nach ca. einer Woche, oh Wunder, war er aber dann doch wieder da. Die Handwerker kamen erneut, zückten den Pinsel und waren verwirrt, als ich meinte, dass sie doch bitte einmal nachsehen sollten, wo die Feuchtigkeit her käme, schließlich gäbe es bestimmt einen Grund für das Entstehen des Fleckes. Allgemeine Zustimmung und heftiges Nicken. Dann ging der Chef der schwarzen Füße nach oben, zückte sein Taschenmesser und bohrte den Feuchtefleck einfach aus der Decke, grinste bis über beide Ohren, Spachtel, Farbe und fertig! Es gibt Situationen, da bin selbst ich sprachlos!

Hier werden eigentlich alle Reparaturen mit Farbe oder, auch extrem gern gesehen, mit Silikon erledigt. Ist irre praktisch, klebt, hält und sieht gut aus. Meistens - also eigentlich nur, wenn man die Silikonmasse nicht mit schmutzigen Fingern glättet. Ja ja, die weiße Frau stellt sich ganz schön an. Ich glaube, ich habe mich nach und nach immer unbeliebter gemacht, denn wenn man einmal weiß wie es hier funktioniert, dann ist man lieber schnell und greift ein.

Mittags nicht wundern, denn ohne ein Wort fällt die Türe ins Schloss und alle sind weg.

Ein Blick vor die Türe verrät aber: Ein Haufen Flipflops und herunter getretene Lederschuhe - sie machen nur Mittagspause. Passiert einem das abends, muss man schnell sein, denn nach dem Motto: Und habe ich erst mal meine Schuhe an den Füßen, dann ist Feierabend, versuchen sie sich oft aus dem Staub zu machen, wobei man überall noch Baustelle hat und keinen blassen Schimmer, wie und wann es weiter gehen soll. Also schnell hinterher und festhalten!

Wenn eine Arbeit erledigt ist, sollte man auf jeden Fall schauen, ob alles in Ordnung ist, auch in der näheren Umgebung. Was hab ich oft gelacht, wenn ich wie Sherlock Holmes den schwarzen Fußspuren und Handabdrücken gefolgt bin und mich gefragt habe, wie in aller Welt kommen die da hin und was haben die Männer da gemacht?

Bevor ich nach erledigten Arbeiten die Haustüre abschließe, schaue ich grundsätzlich sicherheitshalber nach, ob noch irgendwo jemand liegt, denn manchmal schlafen sie auch einfach ein, ein kühler Boden und ein Stück Pappe reichen.

Ob ich nun generell sagen würde, dass man besser nicht in einen Neubau einziehen sollte, weiß ich nicht. Es stimmt schon, dass die Reparatur- und Ausbesserungsarbeiten sich nicht nur auf unser Apartment, sondern auf das ganze Condominium ausdehnten, und nach nun fast 2 Jahren alles irgendwie schon ausgebessert wurde (neue Spiegel, neue Schränke, neue Duscharmaturen, Bodenarbeiten in der Tiefgarage, neue Gehwegplatten draußen etc., etc.). Auf der anderen Seite sind ältere Wohnungen aber auch oft heruntergewirtschaftet und durch die hohe Luftfeuchtigkeit gerne muffig und klamm.

Die schlimmste Reparatur in unserem Apartment war mit Abstand das Ausbessern unseres Holzbodens. Da die verlegten Holzpaneele so stark schrumpften, dass sich schon nach ein paar Wochen große Risse bildeten und der Versiegelungslack weg brach, haben wir das natürlich gemeldet. Nach langem Hin und Her und etlichen Besichtigungsterminen kamen dann die Handwerker und haben einen ganzen Tag lang den Boden abgeschliffen und anschließend neu mit Lack versiegelt.

Und wie hoch auch immer der Lösungsmittelanteil in den Tropen sein muss, es zog mir die Schuhe aus. Eine Narkosemaske ist nichts dagegen. Ich habe alle Fenster geöffnet, Ventilatoren und Klimaanlagen angestellt, aber es half nichts. Es war feucht-heiß und von den Ausdünstungen tränten die Augen.

Als die Kinder am späten Nachmittag von der Schule kamen, konnte man zumindest wieder im Wohnzimmer zusammen sitzen. Die anderen Räume rochen noch tagelang nach Äther.

Nach dieser Aktion fand ein Gespräch mit unserem Vermieter statt und nachdem ich ihm einmal die Auflistung der investierten Stunden gezeigt habe (man nennt mich auch Ms. Excel!), und wir darauf bestanden, bei einer nächsten Reparatur in ein Hotel zu ziehen, war endlich Ruhe und wir bekamen das Ok, alles zu lassen wie es ist. Seitdem ist es wesentlich ruhiger geworden, aber ab und zu sind sie wieder da, meine kleinen schwarzen Füße!

(passt die Klimaanlage nicht, wird die Wand passend gemacht)

(Eine Leiter steht auch sicher auf 2 Beinen)

Mittagspause

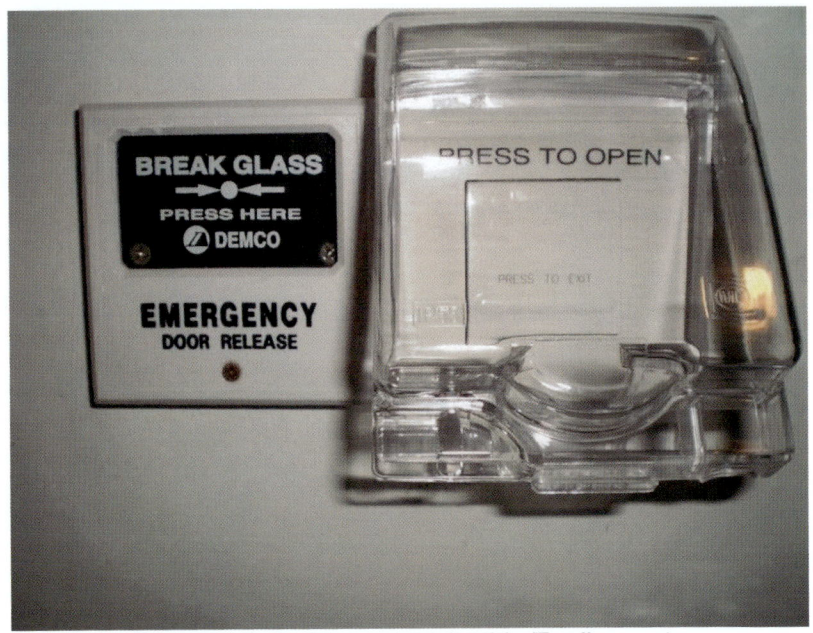

Da wurde wohl das Glas versehentlich auf den Türöffner montiert

14 ENDSPURT UND ERSTER HEIMATURLAUB

In der Schule begann bei Kira und Mirko die Klausurphase und gerade Kira musste noch einmal richtig pauken bevor sie sich auf die Ferien freuen durfte. Aber auch das ging vorbei und nach den verschiedensten Schulaktivitäten zum Schuljahresende, es kam noch einmal richtiger Freizeitstress auf, waren sie dann endlich da: die Sommerferien!

Nach einem Jahr in der Fremde hieß es endlich wieder einmal Heimaturlaub und so sind die Kinder und ich dann auch zu Beginn der Ferien schon einmal vor geflogen.

Hach, was waren wir aufgeregt. Als die Maschine in Frankfurt landete, mussten wir alle erst einmal tief schlucken. Gefroren haben wir dann auch gleich das erste Mal, trotz warmer Jacke, da wir noch recht lange in Frankfurt auf den Zug nach Köln warten mussten. Dann ging es aber endlich weiter, über Köln nach Düren, wo uns Oma Rosi schon mit Rosen und Hackbällchen erwartete. Wie schön!

Ein komisches Gefühl, nach einem Jahr alles wieder zu sehen. Alles vertraut und doch irgendwie fremd.

Wir sind dann erst einmal nach Ellen gefahren (ein kleiner Ort in der Gemeinde Niederzier in NRW) in unser Haus. Auf den Weg dahin haben wir unseren Sohn Mirko bereits an der Grundschule „verloren". Seine Kumpels hatten gerade Schulschluss und niemand war mehr zu halten vor Wiedersehensfreude.

Bei uns zuhause warteten dann auch gleich die nächsten Überraschungen, Schwiegereltern, meine Eltern und unsere Freunde hatten ein Brunch vorbereitet und es gab all die Dinge, die wir gerne mögen. Schade nur, dass man irgendwann einfach nur satt ist.

Unser Haus war auch eine einzige Überraschung. Wir hatten es ja so weit leer geräumt, bis auf die Küche. Und die kleinen Heinzelmännchen hatten nun alle Zimmer etwas eingerichtet, mit TV, Tischen, Stühlen, Bildern, Lebensmitteln, Haushaltssachen usw. Ich kam mir vor wie in einer Ferienwohnung im eigenen Haus. Einfach nur toll! Hier noch mal ein ganz lieber Dank an alle, die das möglich gemacht haben!

So nach und nach sprach sich unsere Anwesenheit rum und neben kriegsähnlichen Begrüßungsszenen, bei denen manchmal die komplette Kreuzung vor unserer Tür blockiert wurde, haben wir gleich wieder am kompletten Dorfleben teilgenommen. Mirko durfte seine ehemalige Fußballmannschaft auf dem Sommercup unterstützen, dann war das Sommerfest der heimischen Karnevalsgesellschaft, die Abschlussfeier der Grundschule, Arztbesuche aller Art und auch endlich mal wieder ein „Friseur des Vertrauens" und, und, und.

Ein echtes Highlight für mich war, dass ich noch eine Karte für das 20 jährige Jubiläumskonzert der Brings im Rheinenergie Stadion bekommen habe. Für alle Leser, die nicht aus dem Rheinland kommen, die Brings sind eine Band aus Köln, die hauptsächlich durch Karneval bekannt wurde. Ne, watt war datt ne superjeile Zick!

Vor allem haben wir viel gelacht. Tja, der Rheinische Humor geht einem in Asien völlig ab. Ich ertappe mich oft bei einem kleinen Witzchen, gefolgt von einem langen Schweigen.... spätestens wenn ich, wie anfangs oft geschehen, versuche die witzige Situation zu erklären, geht alles komplett nach hinten los. Deshalb folgende Situation schon gleich beim Eintritt ins Kölner RheinEnergie Stadion:

Wir waren mit die ersten und als man beim Security-Check unsere Taschen durchsuchte, wurden erst einmal die Lebensmittel konfisziert. Als man meiner Freundin Sandra die riesige Tüte Laugenbretzeln abnehmen wollte, hat sie gestreikt und gemeint, dass wir uns doch an den Rand setzen und noch schnell was davon essen sollten.

Gesagt, getan, in die Nähe der Mülleimer gehockt und gemüffelt. Thomas, ein anderer Freund, meinte dann: "Hatten wir nicht Käsewürfel" und seine Frau Miriam sagte, dass die bereits entsorgt wären. Da sie aber gut eingepackt waren, wurden sie halt wieder aus der Mülltonne geholt und während wir da so mampfen, sagt unser Freund Michael ganz ernst und mit vollen Wangen zu einer Sicherheitsdame: „Hören Sie mal, könnten sie uns kurz Bescheid geben, wenn Frikadellchen weggeworfen werden?" Wir wären fast geplatzt vor lachen! Klasse

Auch den 50. Geburtstag eines Freundes aus Singapur haben wir in Deutschland gefeiert, die Kinder waren mit Freunden im Movie Park, Oma Helga's Geburtstag konnten wir ebenfalls live feiern, die Dürener Annakirmes haben wir mitgenommen, ein Nachbarschaftsgrillen und ganz viele tolle Treffen mit der Familie und Freunden und viel leckeres Essen und zu trinken.

Es war einfach nur wunderschön, aber leider hat auch diese lange Zeit nicht ausgereicht, alle Freunde zu sehen.

14 ABSCHIED VON DER HEIMAT – ZURÜCK NACH HAUSE

Am 08.08.11 hieß es dann wieder Abschied nehmen. Nachdem wir die restlichen Sachen in unserem Haus zusammengepackt hatten, ging es noch mal zu Oma Rosi und Opa Werner und dann auf nach Düren zum Bahnhof. Ein komisches Gefühl und wir waren alle sehr traurig. Auf der einen Seite ist Singapur uns auch schon ein zuhause und wir wissen, was uns erwartet, auf der anderen Seite wissen wir jetzt auch wie lange ein Jahr ist

Wieder zuhause in Singapur ging der Alltag ganz schnell wieder seinen normalen Gang, schließlich ist es ja seit einem Jahr unser Zuhause und wir haben uns gut eingelebt. Die restlichen Schulsachen wurden gekauft und am 15.08. startete die Schule dann auch schon wieder.

Kira hat sich entschieden, hier in Singapur zur Konfirmation zu gehen und so geht sie seit Schulanfang regelmäßig zum Konfirmationsunterricht, der ihr großen Spaß macht. Die Pfarrerin ist sehr nett und sie hat eine tolle Gruppe um sich.

15 SINGLISH

Ein immer wieder faszinierendes Thema in diesem Land, neben den Einheimischen selbst, sind die hier gesprochenen Sprachen.

Ich weiß noch, wie ich damals, als Singapur für unseren Aufenthalt zur Debatte stand, erleichtert feststellte, dass die Amtssprache Englisch ist. Klasse, habe ich gedacht, so kann man alle Beschilderungen lesen, mit den Menschen kommunizieren und das Beste: Die Kinder und man selbst lernen Englisch.

Schon recht früh kam dann die Ernüchterung. Ja, die Beschilderungen sind auf Englisch, wobei es einem schon sofort suspekt vorkommen sollte, dass man direkt darunter meist mindestens drei (!) zusätzliche Sprachen findet.

Bei einem Anteil von ca. 80 % Chinesen an der Gesamtbevölkerung wird schnell klar, dass man mit Chinesisch oft weiter käme als mit Englisch. Spätestens nach dem 2. Kontakt beschränkt man deshalb seine Sätze auch auf das Nötigste oder, wenn möglich, Handzeichen.

Klang die erste Essensbestellung beim Hawker (riesige Essenshallen mit vielen kleinen Ständen, an denen man gut und sehr günstig einheimisches Essen kosten kann) noch so:

„I would like to have some plain rice and some chicken, please"

hieß es beim 2. Mal schon: „Rice, yes and chicken"

Und mittlerweile zeigt man drauf und sagt: „This…..this….can!"

Kommt es einem am Anfang auch unfreundlich vor, so muss man spätestens beim Anblick eines arg dümmlich fragenden Gesichtsausdruckes (und den beherrschen die Chinesen wie keine andere Nation) einsehen, dass man mit vielen Worten einfach nicht weiter kommt.

Witzig ist auch jedes Mal wieder aufs Neue die Prozedur beim Bezahlen mit der EC/Mastercard. Die EC-Karte hier heißt „Nets" und ist zugleich auch eine Mastercard. Also wird man beim Bezahlen auch immer schön gefragt: „Nets or Master?"

Kurios ist es immer, wenn ich bezahlen will, und zu 99 % derselbe Dialog abläuft:

Ich: „Nets please"
Verkäufer: „Master?"
Ich: „No, nets please"
Verkäufer: „Nets-äh?!"
Ich: „YES!"
Verkäufer: „Ahhh, nets-äh!"

Ich habe schon versucht, der ständigen Fragerei direkt mit „nets-äh" aus dem Weg zu gehen – vergebens. Irgendwie warte ich mittlerweile darauf, dass Kurt Felix aus der gleichnamigen Fernsehsendung plötzlich mit der versteckten Kamera neben mir steht.

Können Sie sich an meine anfängliche Lime-Juice-Bestell-Geschichte erinnern?

„Two lime juice, please"
„Ähhh?"
„Two lime juice"
„Lime juice?"
„Yes"
„One?"
„No, two"
„Lime juice, one?"
„Two"
Stellt einen lime juice hin.
„Two"
„Ahhh two"

Es gibt eine Fortsetzung! Ha! Nachdem sich das genau so mindestens 20 mal abgespielt hat, waren Petra und ich vor kurzer Zeit mal wieder zusammen „op jück" und haben uns im Foodcourt niedergelassen. Ich bin dann los, Getränke holen. Ja, ich bin mutig!

Ich bestelle „Two lime juice" (das „please" lasse ich sicherheitshalber mittlerweile schon weg), warte auf den üblichen Dialog – und - nichts!!! Der Verkäufer geht sofort zum Getränkespender, füllt zwei Getränke in Becher, Deckel drauf, Strohhalm rein und fertig!!!

Ich kann es kaum fassen. Völlig verwirrt gehe ich stolz wie Oskar zu Petra, erzähle von meinem Erfolg, untermalt von einer von Herzen kommenden „Striiikkkke-Geste" und setzte mich hin. Dann der erste Schluck - und?! Es war KEIN Lime-Juice! Wie bei Loriot, ich sag's doch. Wir beide mussten so lachen, und nachdem ich dann zurück bin, um meinen alt bewährten Dialog hinter mich zu bringen, war dann auch endlich Lime-Juice im Becher!

Mittlerweile habe ich mich daran gewöhnt, dass die Sprache, die ich neben Chinesisch, Malayisch und Indisch höre, meist doch Englisch (Singlish) sein soll. Die Betonung ist völlig fremd, und erschwert wird das Ganze dadurch, dass die Singapurer neben eingeschobenen fremden Worten oft ein „lah" ans Ende hängen, die Worte so fremd betonen, dass man sie nicht wieder erkennt und zur Krönung des ganzen einfach noch die komplette Endung weg lassen.

In der ersten Woche stand ich mit Petra vor zwei Kindern an der Kasse. Die Kinder spielten irgendetwas und wir hörten immer nur:

„Cisa", „Pepa", „Sto" und das 100 mal hintereinander. Als wir uns völlig genervt umdrehten, erkannten wir, dass die beiden „Schnick, Schnack, Schnuck (auf Englisch: „Scissors", „Paper", „Stone") spielten. Noch Fragen?

Kann man Singlish lernen? Ich habe keine Ahnung...

Zuerst sollte man alle Zeitformen ganz einfach vergessen. Gesprochen wird nur im „Simple Present".

Ein wichtiger Punkt ist die Betonung der Wörter (sonst könnte man sie als Langnase oder Ang Mo(h) (wie die Weißen hier genannt werden) ja etwas verstehen!

Das "i" am Ende von Wörtern in die Länge ziehen. "I've already finished" wird dann so ausgesprochen: "I have alreadiiii finiiiished" oder "Eif ollreddiii finiiiischd". Um die Sache noch authentischer zu machen, den Satz zusätzlich noch mit "aaaa" enden lassen und Zeitformen weg lassen "I finiiiish alreadiiiaaa"!

Die allerwichtigsten Worte im Singlish sind jedoch „can" und „cannot". Damit kommt man eigentlich durch den Tag. Es ersetzt „Yes" und „No".

Sagt einem der Verkäufer also: "can, can" was so viel heißt, wie „das ist genau richtig bzw. passt scho", so brauchst du, falls du anderer Meinung bist, nur zu sagen "cannot" und gibst damit zu verstehen, dass dir was auch immer nicht gefällt und dass du kein Touri bist, der sich über's Ohr hauen lässt. Immerhin sprichst du ja Singlish.

Noch ein paar kleine persönliche Highlights:

Als wir Freunde besuchten, wollte uns der Guard an der Schranke sagen, dass die Besucher-Parkplätze auf der 2. Etage sind. Das klang so: „Wittalotts Seckonfloo" (Visitor lots second floor).

Meine Freundin Branka und ich mussten leider des Öfteren zur Physio und als wir davon erzählten, haben wir beide Tränen gelacht. Warum? Ich ging zu „Physio Eight" und wenn die Telefondame sich meldete, dann sagte sie immer „Füscho Ähh, goo afernoo" (Physio Eight, good afternoon). Branka ging zu Orthopadists International und diese Dame meldete sich immer mit „Ottopattic Inntanäschonell".

Beim Bestellen von Mirkos Lieblingsgetränk „Hundred Plus" kam es zum Highlight, da wir 2 davon haben wollten. Wir sagten also: „Two Hundred Plus please". Zur Antwort bekamen wir große Augen und ein „Cannot – we only have Hundred Plus no Two Hundred Plus!".

Eine ganz besondere Herausforderung neben dem telefonischen Bestellen einer Pizza ist das Bestellen am Drive Through Schalter von McDonalds. Dank diverser landestypischen Dialekte und schlechter Mikroqualität ist das Bestellen ein echtes Abenteuer. Wir wollten alle 4 das Quarter Pounder Beef Menü und sagten also: „Four times the Quarter Pounder Beef Menu please" und bekamen zur Antwort: „Sorry Four Times Menu don't have".

Ein anderes Mal wollten wir ebenfalls diesen Burger, und aus der Erfahrung klug, bestellten wir: „Quarter Pounder Beef – two". Darauf bekamen wir ein: „Don't have". Wir daraufhin: „BigMac – two" mit der Antwort: „Don't have". Wir: „Cheeseburger – two" Antwort: „Dont have". Etwas ratlos im Auto wollten wir nun wissen, welchen Burger sie denn hätten...und die Antwort war: „Only Fishburger have, no beef patties lah".

Als wir unsere Tochter zum Konfirmationsunterricht zum Haus der Pastorin bringen wollten, mussten wir, wie überall, vorne am Guard der Wohnanlage halten. Wir sagten, dass wir zu Frau XXX wollten. Der Guard meinte dann nur „Ahhh German Pasta!" (German Pastor)

Noch ein paar schlaue Worte von Wikipedia:
Singlish ist eine in Singapur gesprochene Varietät der englischen Sprache.

„Singlish wird von der Singapurer Regierung als Pidgin geächtet. Ungeachtet dessen ist die Nutzung im täglichen Leben populär.

Singlish verzeichnet sowohl Einflüsse des britischen als auch des amerikanischen Englisch, zudem finden sich auch Anleihen aus dem chinesischen Dialekt Hokkien. Die Grammatik und der Gebrauch mancher Worte und Phrasen unterscheidet sich etwas von anderen Varietäten des Englischen, die Aussprache wird erheblich vom Chinesischen und Malaiischen, aber auch vom Portugiesischen beeinflusst.

Eine direkte Kommunikation zwischen einem Englisch-Sprecher und einem Singlish-Sprecher ist teilweise erschwert, meist aber möglich."

Wer das alles mal live hören will, der braucht nur im Internet zu stöbern, es gibt dort die nettesten Hörproben.

16 DAS WETTER

Man muss sich im Klaren sein, dass Singapur fast am Äquator liegt und das Klima dadurch das ganze Jahr über immer heiß und schwül ist. Es gibt keine Jahreszeiten wie in Deutschland und auch keine großen Temperaturschwankungen. Die durchschnittlichen Temperaturen betragen tagsüber 28°C - 31°C und nachts 23°C - 27°C. Eine Unterkunft ohne Klimaanlage ist unmöglich auszuhalten, und auch schon morgens sind Temperaturen von 30°C keine Seltenheit

Eigentlich ist die folgende Klimatabelle in sich schon sehr aussagekräftig:

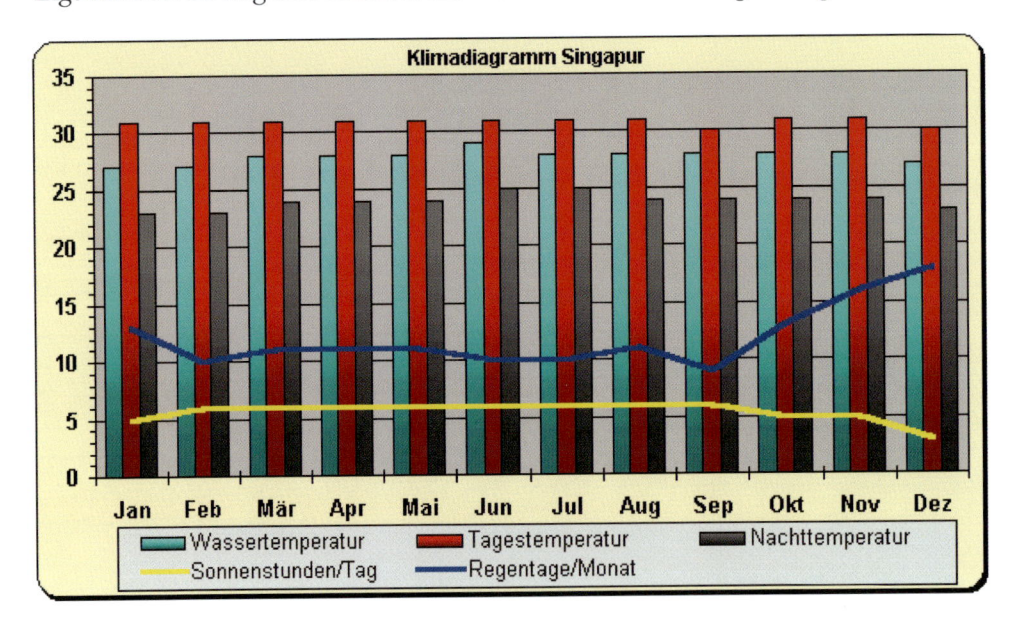

Auf der anderen Seite lesen sich solche Zahlen anders als sie sich anfühlen. Wer von Ihnen schon einmal im Tropenbereich eines Zoologischen Gartens war, der hat eine ungefähre Vorstellung wie sich das Wetter hier anfühlt. Eine Luftfeuchte von 80 – 90 % ist normal und ich weiß noch, wie ich vergangenen Sommer in der Kölner Therme mit meiner Freundin so schmunzeln musste, als wir in die Dampfsauna kamen und ich singapurische Gefühle bekam.

Ich gehöre zu den Menschen, die immer ein wenig Fernweh bekamen, wenn sie Bilder von einsamen Sandstränden und Palmen unter der Sonne gesehen haben. Das ist vorbei. Ich habe definitiv einen Tropensättigungsgrad erreicht. Ich bekomme mittlerweile wirklich feuchte Augen, wenn ich Bilder von Weihnachtsmärkten und Herbstbäumen sehe, aber das empfindet hier jeder anders.

Ich vermisse die Jahreszeiten und selbst das übelste Wetter. Wenn ich zurück denke, wann etwas war, so kann ich mich nur wage daran orientieren, wie lange wir schon hier waren, da das Wetter ja immer gleich ist und es keine Jahreszeiten gibt. Hell ist es ebenfalls immer von 7 Uhr morgens bis 7 Uhr abends, mit einer kleinen Schwankung über's Jahr von ca. 15 min.

Ich habe jetzt schon einige Leute kennen gelernt. Manche kommen mit dem Klima gut zu recht und schwitzen kaum, andere, wie ich, sind froh über jede Klimaanlage und schwitzen reichlich. Wobei das nicht so ein Schwitzen wie in Deutschland ist.

Im Normalfall riecht man auch nicht (ok, es gibt definitiv Ausnahmen, besonders indische Gewürze sind hier erwähnenswert). Das Wasser läuft einem nur so runter. Es gibt Poren, die kannte man bisher nicht einmal. Schweiß auf der Oberlippe ist relativ normal, aber an den Armen, an den Fingern und an den Knien und ganz erotisch ist es, wenn man spürt, wie sich das Wasser im Nacken sammelt und dann so schön den Rücken runter in die Po-Ritze läuft. Ist man nun unterwegs und muss mal eben zur Toilette, versucht man verzweifelt, die nasse Hose irgendwie herunter zu wursteln und das ganze später noch schweißgebadeter wieder zu Recht zu rücken. Meine Kinder brachten aus den Schule den Begriff „SADO" mit und wenn ich zu hören bekam „Mama hat wieder SADO" so war damit gemeint „Schweiß auf der Oberlippe!"

Ich habe anfangs versucht, mich mit einem Buch auf den Bauch in die Sonne zu legen. Schließlich wohne ich in den Tropen und wollte auch nett Farbe haben. Schnell musste ich einsehen, dass ich als erstes im eigenen Schweiß ertrinken würde. Das Wasser tropfte in die Augen und von der Nasespitze ständig aufs Buch. Nun, man könnte sich zum Lesen natürlich auch auf den Rücken legen, aber auch hier muss man schnell einsehen, dass sowohl die Wärme wie auch die Luftfeuchte etwas gegen Bücher hat. Beim Umblättern hatte ich die einzelnen Seiten in der Hand, denn die Klebung löste sich und das Buch löste sich in seine Einzelteile auf. Ein Einwegbuch quasi!
Man lernt ganz schnell die Sonne zu meiden und versteht die Einheimischen, die mit Sonnenschirmen durch die Gegend gehen.
Wobei das nicht nur zum Schutz gegen die Sonne dient, sondern auch dem asiatischen Schönheitsideal entgegenkommt, wo die Frauen hell sind. Davon erzähl ich gleich mehr.

Es gibt also Menschen, die schwitzen sehr viel und manche kaum. Das scheint auch weder vom Körpergewicht, noch von der Nationalität abzuhängen. Jeder Mensch empfindet das Klima hier anders und es gibt dadurch andauernd Diskussionen. Ich musste länger kämpfen, dass ich bei 25°C mit Decke schlafen darf, da mein Mann im früheren Leben wohl einmal Eidechse war. Sprich, er kommt morgens vom Balkon und sagt ernsthaft: „Boah, ganz schön frisch heute Morgen" während ich schon die ersten Wasserflecken am T-Shirt habe.

Selbstversuch: Butterplätzchen nach 30 min in der Wohnung

Wirklich unangenehm kalt ist es aber dafür teilweise in Taxis, Bussen, Kinos, öffentlichen Gebäuden und manchen Restaurants. Es empfiehlt sich immer eine dünne Jacke oder zumindest ein Halstuch mitzunehmen, wenn man dem Tod durch Unterkühlung entgehen will.

Ich werde nie verstehen, warum man Räume auf 18 °C runter kühlt. Das müsste eigentlich jedem zu kalt sein. Auf der anderen Seite kann man so wenigstens die Wintermode tragen, die hier in den Tropen dennoch stumpf verkauft wird und das nicht nur an Leute, die in kalte Gegenden fahren.

Ein Taxifahrer hat mich mal so nett gefragt wo ich denn her käme und als ich sagte: „Aus Deutschland", wollte er wissen, ob er mir eine Frage stellen dürfe: „Was machen Sie eigentlich mit den Wintersachen, wenn bei Ihnen Sommer ist?! Schmeißen Sie die auch immer weg?" Klasse, oder? Er war total erstaunt, als ich ihm erklärte, dass man das in Schränke räumt und immer so ausräumt, wie man es braucht.

Die offizielle Regenzeit beginnt im Oktober/November und endet im Februar/März. Außerhalb dieser Monate können jedoch dennoch vereinzelt starke Regenschauer auftreten, die mit dem in Deutschland bekannten Regen nicht viel gemeinsam haben. Es kommen in kürzester Zeit Unmengen an Wasser vom Himmel, so dass das Wasser von oben auf das sich ansammelnde Wasser von unten trifft und es so sehr oft zu Überschwemmungen kommt. Sitzt man bei so einem „Schauer" im Auto, so sieht man trotz des schnellsten Wischblättergangs schon nichts und wenn dann noch das Wasser von vorbeifahrenden Autos gegen einen platscht und von den Überführungen herunterflutet, dann wünscht man sich ganz schnell an einen trockenen Ort.

Das Wetter in Singapur ist immer sehr wechselhaft und Wetterberichten kann man nur selten trauen. Ob und wann es genau regnet ist sehr schwer hervorzusehen. Morgens kann die Sonne brennen und schon ein paar Stunden später geht die Welt unter. Mir ist es mehrfach passiert, dass ich aus dem Fenster gesehen habe, dass die Sonne immer noch brennt, meine Sachen packte und zum Pool ging und mich dann umblickte und hinter mir war der Himmel bedrohlich schwarz und des Wetter schlägt innerhalb weniger Minuten um. Die Atmosphäre ist in den Tropen einfach zu dicht.

Ein „kleiner" Mittagsregen kann bei verstopften Abflüssen schnell das Wohnzimmer fluten

Tropenregen

Eine weitere Besonderheit hier ist der Haze. Dies ist eine Art Smog, die meistens im Zeitraum Juli bis Oktober auftritt. Wie eine Dunstglocke legt sich dieser Nebel über Singapur. Alles wirkt gedämpft und unwirklich. Ursache für diesen Haze ist die Brandrodung von Palmölfeldern in Indonesien (hauptsächlich Sumatra und Kalimantan). Je nach Windrichtung kann es zu einer massiven Belastung dieses undurchsichtigen Nebels kommen. Die im Nebel enthaltenen Rauchpartikel führen zu einer massiven Verschlechterung der Luftqualität und Rauchgeruch in Gebäuden.

Zur Messung der Luftqualität wird in Singapur der sogenannte "PSI – Pollution Standards Index" von der United States Environmental Protection Agency verwendet. Wenn dieser Wert über 100 auf "ungesund" steigt, sollte man sich, wenn möglich, nicht draußen aufhalten. Die singapurische Regierung warnt die Öffentlichkeit, sich nur wenn nicht vermeidbar draußen aufzuhalten, Schutzmasken zu tragen und keiner körperlich anstrengenden Betätigung nachzugehen. Aufgrund der Wetterprognosen ist keine drastische Besserung vor Ende der Trockenzeit auf Sumatra in Sicht. Die Werte variieren je nach Tageszeit und sind vormittags meist am höchsten.

Little India im Haze

17 DAS ASIATISCHE SCHÖNHEITSIDEAL

Die asiatischen Frauen möchten ganz hellhäutig sein und als Petra mich am Anfang warnte, bei allen Lotionen, Cremes usw. auf die Inhaltsstoffe zu achten, war ich erst irritiert, aber es ist wahr.

In fast allen Produkten, selbst deutscher Hersteller für diesen Markt, sind so genannte „Whitener" enthalten. Das sind Inhaltsstoffe, die die Haut bleichen. Für dunklere Stellen am Körper, wie Ellbogen und Knie gibt es Extreme Whitening Cremes. Viele der älteren Damen sehen deshalb manchmal wirklich so aus wie Michael Jackson. Die Haut ist fast wie Pergamentpapier. Dazu kommen dann leicht aufgehellte Haare, was bei dem superschönen Blauschwarz immer so einen Straßenkatzenton ergibt.

Und auch in der Sonne bleibt man „white"

Gegen die nicht vorhandenen Lidfalten gibt es Klebestreifen, die ein westlicheres Auge „zaubern" und dann noch falsche Wimpern und ein Polyesterkleidchen in hellem Lachsrosa (Größe 134) und zu große Highheels, auf denen niemand laufen kann - Fertig!

Das typische Schönheitsideal

Ach ne, das Witzigste hab ich ja vergessen und es stimmt ehrlich, denn Petra und ich haben uns vor Lachen in der Drogerie nicht mehr ein bekommen. Da man ja alles bleicht und vielleicht sonst auch nicht weiß wo vorne und hinten ist gibt es „Nipple Recoloring Creme" in 2 Farbnuancen. Dann sieht man auch die Brustwarzen wieder.

18 DIE MENSCHEN IN SINGAPUR UND DEREN EIGENHEITEN

Ich hab ja schon berichtet, dass es hier sehr viele Nationen gibt, die alle friedlich zusammen leben.

Die Bevölkerung von Singapur ist ethnisch gemischt. Sie besteht hauptsächlich aus Chinesen (etwa 78 %), Malaien (14 %) und Indern (6 %). Nahezu alle Einwohner stammen von den Einwanderern ab, die nach der Gründung der Stadt Singapur ab 1819 in das Gebiet gelangten.

Ich persönlich war eigentlich immer schon angetan von der asiatischen Kultur, der asiatischen Freundlichkeit, Zurückhaltung und ebenso von der indischen Farbenpracht und den mandelhäutigen Menschen mit den strahlend schwarzen Augen.

Auf mich wirkte das immer schon sehr exotisch, und gerade im indischen Chaos in Little India fühlte ich mich immer sehr wohl. Meine Familie meinte schon, ich sei in meinem früheren Leben definitiv in Indonesien oder Indien groß geworden. Bis jetzt habe ich aber auch gerade bei den Indern immer sehr nette, hilfsbereite Menschen getroffen, man ist offen anderen Menschen gegenüber, freundlich, wenn auch unverbindlich, und wenn ich etwas frage, hat man mir stets gerne alles erklärt. Das sieht nun bei den Chinesen völlig anders aus.

Bevor ich meine ganz persönlichen Eindrücke schildere, möchte ich aber betonen, dass es sie durchaus gibt, die Chinesen, wie man sie sich als Deutscher vorstellt. Freundlich, zurückhaltend, rücksichtsvoll, fein, wie in typischen Klischeefilmen: Mr. Miyagi von Karate Kid.

Die ehemalige Vermieterin von Petra in Shanghai z. B. und ihre Tochter sind solche Menschen. Als wir sie besuchten, versuchte ich verzweifelt, von ihr angebotene Teigbällchen mit den Stäbchen in den Mund zu transportieren. Keine Chance. Die flutschigen kleinen Dinger rutschten immer weg. Auf einmal nahm Sie ein Essstäbchen, piekste ein Bällchen auf (was Chinesen sonst nie tun würden!) und meinte lieb, so könne man es auch machen, und ohne ein Wort zu verlieren aß sie die restlichen Bällchen alle durch Aufspießen. Damit verhinderte sie, dass ich mein Gesicht verliere. Das sind Menschen, wie auch unser Vermieter, denen könnte ich stundenlang zuhören und von ihnen lernen.

Das „Gesicht zu verlieren" oder besser das „Gesicht nicht zu verlieren" ist ein ganz wichtiger Bestandteil des chinesischen Lebens.

Das geht so weit, dass ein Verkäufer einen lieber stundenlang dümmlich grinsend ansieht, als zu sagen, dass er keine Ahnung hat oder etwas nicht führt. Dies zu sagen, ist ihm nicht möglich. Ebenso ein klares „Ja" oder noch viel schlimmer ein „Nein" geht gar nicht. So kommt man sich manchmal recht verloren vor, wenn man etwas kaufen will und mit taktischem und irgendwann taktlosem Fragen endlich ein „Sorry don't-know-lah" erhält. Bis dahin kann es aber manchmal locker etliche Minuten und Mithilfe einiger Kollegen dauern.

Die Bedeutung des Gesichtsverlustes in Asien nach Wikipedia:

Nach chinesischer Denkweise hat jeder Mensch ein Gesicht. Die beiden Begriffe dafür sind mianzi und lian. Das „Gesicht" wird durch soziale Anerkennung gegeben oder durch Missachtung entzogen. Das Gesicht eines Anderen zu wahren, heißt, Schwachstellen nicht bloßzulegen. Wer Ansehen gibt, gewinnt damit zugleich selbst an Ansehen. Wer einem Anderen das Gesicht nimmt, hat damit seines auch verloren.

Einen Gesichtsverlust nennt man das plötzliche objektive oder subjektive Sinken des eigenen Ansehens. Im chinesischen Kulturkreis wird das Gesicht auch als Meinung anderer über eine bestimmte Person verstanden. Daher kommt dem Gesichtsverlust in der chinesischen Kultur eine besondere Bedeutung zu. „Sein Gesicht zu verlieren" heißt, in eine Situation gebracht worden oder geraten zu sein, in der man sich schämen muss; es ist mit dem Verlust der Ehre in morgen- und abendländischen Gesellschaften vergleichbar.

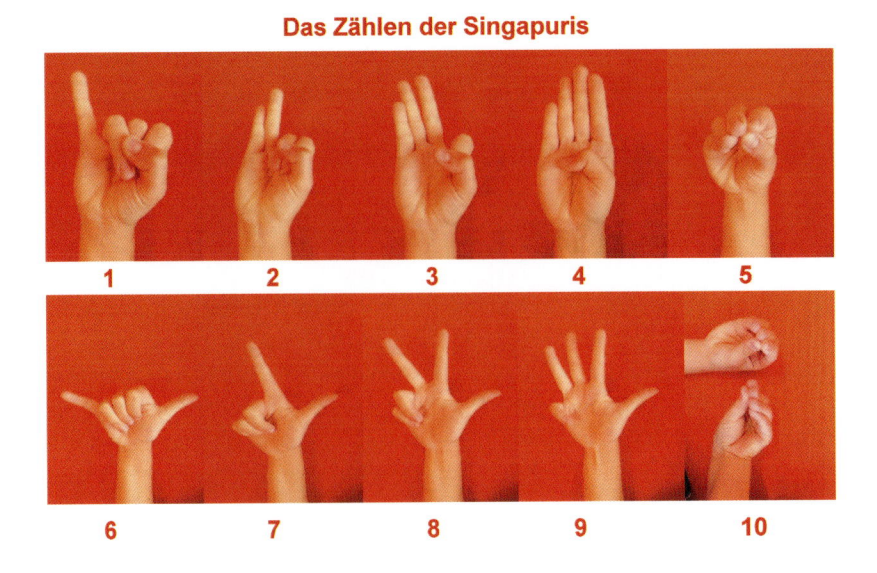

Das Zählen der Singapuris

In Singapur herrscht wie bereits erwähnt Linksverkehr und beim Einbiegen von einer Seiten- auf eine Hauptstraße gibt es meistens eine bleibende Spur, von welcher sich der dazu stoßende Verkehr nach und nach Einreihen könnte. Aber nein, Chinesen fahren nicht links. Geht gar nicht. Man zieht also direkt mindestens in die mittlere Spur, bestenfalls nach ganz rechts.

Die mittlere Spur ist eh am besten, so ist man kein Verlierer und Langsamfahrer und geht Problemen durch Schnellere ebenfalls aus dem Weg. Deshalb überholt man hier auch gerne auf beiden Seiten, da fast alle am liebsten in der Mitte sind. Beim Überholen muss man allerdings immer höllisch auf die Reaktionen des Vordermannes achten.

Der typische Chinese fährt mit ca. 30 cm Abstand, beidhändig ans Lenkrad geschweißt mit sturem Blick, ohne auch nur nach rechts oder links zu sehen. Warum? Die Regel gilt: Schaue ich nach den anderen Fahrern, so wissen die, dass ich sie gesehen habe und ich muss aufpassen. Schaue ich nur geradeaus, wissen alle, dass ich nichts sehe und die anderen müssen Acht geben! Logisch, oder? Deshalb können Taxis auch mal grade auf einer 4 spurigen Schnellstrasse ohne Haltebucht die Warnblinkanlage einschalten und eine Vollbremsung machen, um einen Fahrgast aufzunehmen. Der Taxifahrer hat ja nicht gesehen, dass hinter ihm noch Autos kommen. Es stockt einem der Atem, aber meistens passiert wirklich nichts.

Auch witzig sind die in jedem Aufzug vorhandenen Türschließdrücker. Das sind Menschen, die drücken nach jedem Öffnen hektisch mindestens 3 mal auf den Türschließknopf, damit es schneller geht. Jede Sekunde ist halt wertvoll. Leute, denen dann vor der Nase der Aufzug zugedrückt wird, sieht man einfach nicht.

Die Kehrseite sind dann Menschen, die es dummdreist immer wieder schaffen, sich noch mit Einkaufswagen und einer 10-köpfigen Familie in einen bereits vollen Aufzug zu quetschen, dann aber kaum reagieren, wenn man aus der hintersten Ecke Zeichen gibt, dass man aussteigen möchte.

Ich habe die Höflichkeit drangegeben, ich schubse mit, auch in Bussen. Jeder sich Vordrängelnde im Supermarkt wird angesprochen und verschwindet dann spurlos, weil ja plötzlich gesichtslos! Auch auf der Straße, habe ich aufgehört Rücksicht zu nehmen und Chinesen, die stets von A nach B den direkten Weg gehen, auszuweichen. Ich gehe ebenfalls stur weiter, und ich bin meist stärker. Ein klarer Vorteil von Kleidergrößen jenseits von XXS.

Natürlich wird das die hier lebenden Chinesen niemals ändern, aber ich fühle mich definitiv besser.

Spucken ist bei Chinesen normal, und da wird auch schon mal ein Grüner neben Deinen Bussitz gesetzt oder es riecht streng, da Dein Nebenmann laute Blähungen hat. Ja, soll er denn Bauchschmerzen bekommen?

Das liest sich alles lustig, aber ich wundere mich jedes Mal aufs Neue, wenn es zu solchen Situationen kommt. Lautes Nebenhöhlenfreiziehen ist normal, aber wenn die Omi sich vor dir die üblen Hautekzeme frei kratzt oder der Opi daneben seine Hornhaut unter den Füßen abpuhlt, dann frage ich mich, ist das die asiatische Zurückhaltung?

Bei gebildeteren Chinesen kippt das dann in so rücksichtsvoll dezente Aussagen wie: „Sind das ihre Enkel?" (meinte Kira und Mirko), oder: „Was verdient Ihr Mann?" „Was kostet ihre Wohnung?" „Nein, in Ihrer Größe haben wir nichts, Sie sind zu fett, Sie sollten Sport machen!"

So, und nun fragt mich noch mal, wie ich die zurückhaltende Art der hier lebenden Chinesen finde!

Um aber die Sache zu beenden, muss ich jedoch auch erwähnen, dass es ein paar ganz wenige Ausnahmen gibt, die aber dann auch richtig gut tun.

Als ich neulich in den Aufzug einstieg standen ein jüngerer und ein älterer chinesischer Herr bereits drinnen. Ich stieg dazu, sagte nichts, da ich in 99 % der Fälle eh nicht zurückgegrüßt werde. Darauf sagte der ältere Herr: „I wish you a wonderful morning" Ich habe ziemlich dumm und verwundert aus der Wäsche geschaut und erklärt, dass ich ihm das auch wünsche und es mir leid täte, ich bekäme sonst nie eine Antwort und er meinte nur ganz lieb: „See, never give up hope".

Auch die kurze Zeit, die ich mit meinen Krücken nach der Knie-OP hier rumhumpeln musste, hat mir gezeigt, es geht auch anders. Dieselben Menschen, die einen sonst umrennen, sind auf einmal so rücksichtsvoll und hilfsbereit, wirklich beeindruckend. Ich habe den Arzthelferinnen ganz stolz davon erzählt, und sie mussten so lachen als ich sagte: „Sollte ich mich hier mal richtig schlecht fühlen, nehme ich meine Krücken und geh eine Runde auf der Haupteinkaufsstraße spazieren!" Irgendwie traurig, aber wahr!

So etwas gibt es nur hier: Parkplätze für die Einkaufswagen vor dem Restaurantbereich bei Ikea

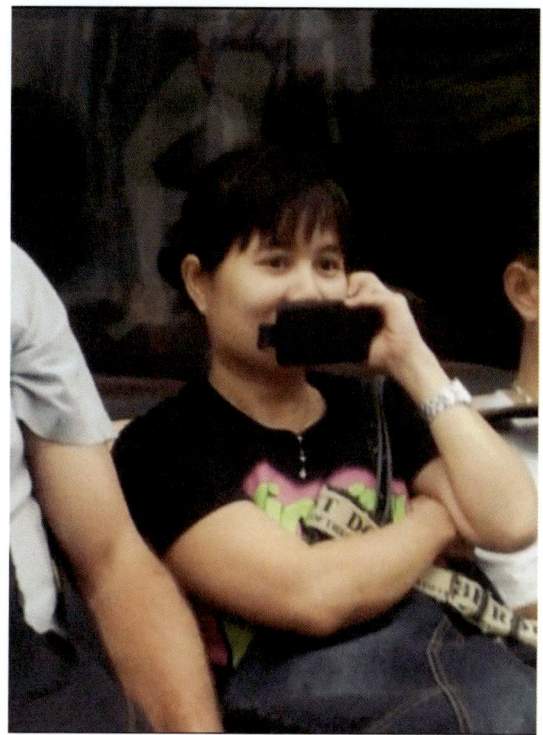

Verdecken des Mundes beim Telefonieren mit der Handyhülle oder Hand

19 SCHLAFEN - IMMER UND ÜBERALL

Ein lustiges Phänomen, an das ich mich auch erst einmal gewöhnen musste, ist die Tatsache, dass die Menschen hier zu jeder Tageszeit und überall schlafen können. Schüler auf dem Weg zu Schule, Erwachsene auf dem Weg zum Büro, die Toilettenfrau auf dem Hocker vor den WC oder aber Menschen auf der Straße, in öffentlichen Parks oder Einkaufszentren.

Dabei nimmt man sich auch schon einmal gerne ein Stück Pappe und legt sich in eine kühle Tiefgarage oder geht in die mir immer noch nicht verständliche Hocke.

Asiaten schaffen es, sich mit aufgestellten Füßen so hinzuhocken, dass die Beine komplett weggeklappt sind und der Po fast den Boden berührt. Das Interessante daran ist, dass sie diese Sitzposition als absolut entspannt empfinden und so stundenlang hocken und auch essen oder schlafen können. Mal abgesehen davon dass ich nie so weit runter käme, ich könnte dann weder vernünftig atmen noch käme ich jemals von alleine wieder hoch.

Lachen musste ich auch einmal, als ich die Schnellstraße entlang fuhr und schon von weitem bestimmt 15 Personen auf dem erhöhten Seitenstreifen liegen sah. Ich dachte erst, ohje, was ist denn da Schlimmes passiert? Ein Unfall? Aber beim Näherkommen sah ich, dass es Arbeiter waren, die die Grünflächen säuberten und die sich einfach einmal wild im Schatten am Abhang verteilt hatten und tief und fest schliefen.

Selbstverständlich ist das tropische Klima besonders für körperliche Arbeiten sehr anstrengend, wie man es aber schafft auf Knopfdruck einzuschlafen, das bleibt mir weiter ein Rätsel. Als wacher Mensch muss man dann halt immer 2 x hinschauen, vor allem, wenn man in Tiefgaragen fährt.

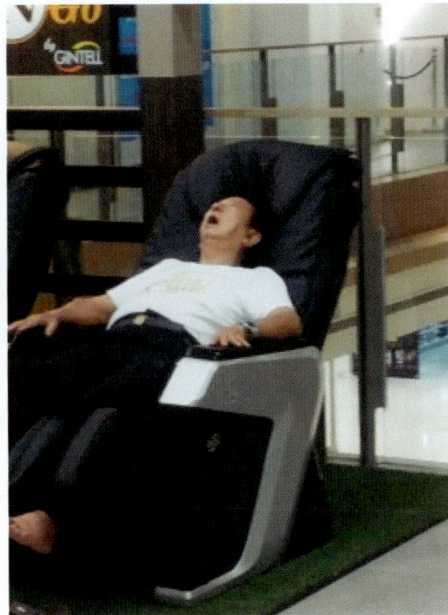

20 SHANGHAI

Vom 26. – 30.08.11 habe ich alleine mit Petra noch eine Tour nach Shanghai unternommen (Shangh hai heißt übrigens übersetzt: über dem Meer). Eine tolle Reise, ohne Familie, nur wir zwei und da Petra 5,5 Jahre in Shanghai gelebt hat, konnte ich mir keine bessere Reiseführerin wünschen. Wir konnten uns bei Uschi, Frank und deren Tochter Ingrid einquartieren. Ehemalige Nachbarn und gute Freunde von Petra und deren Mann Bernd.

Wir haben so viel erlebt, dass ich zu diesem Aufenthalt einmal ein Reisetagebuch geführt habe:

Reisebericht Shanghai

Freitag, 26.08.2011

Morgens früh aufgestanden, die restlichen Sachen zusammengepackt und nach einer Tasse Kaffee kamen Petra und Bernd mich um 5.45 Uhr abholen.

Im strömenden Tropenregen ging es auf zum Flughafen. Dort haben wir eingecheckt und sind dann auch recht pünktlich im Flieger gesessen. Aufgrund des schlechten Wetters mussten die Maschinen aber die längere Startbahn nehmen und so kamen wir nicht um 8.05 Uhr in die Luft, sondern ca. 30 min später.

Auf Flughöhe angekommen verzögerte sich die Frühstückausgabe aufgrund anhaltender Turbulenzen dann ebenfalls um ca. 2 Std.! Essen gab es, als der Pilot von der eigentlichen Flugroute in einen ruhigeren Bereich abwich. Geschaut habe ich „Almanya" und „The Beaver" und da die Filme richtig gut waren, verging die Zeit fast „wie im Fluge". Links neben mir saß ein kleiner asiatischer Junge, der alleine reiste und kurz nach dem Start einschlief. Er hat sich dann eigentlich nahezu die ganze Flugzeit über an meine Seite gekuschelt.

Nach der Landung in Shanghai und Gepäckannahme sind wir dann erst einmal zum Geldautomaten, der tatsächlich sogar über die deutsche Sprache verfügte und dann weiter zum Transrapid, der hier Maglev genannt wird. Die Fahrt dauerte nur ca. 10 Minuten und leider erreichte er auf dieser Strecke nicht seine max. Geschwindigkeit von 400 km/h, 301 km/h war das schnellste. Wie uns Frank später erzählte, hat es vor kurzem wohl ein schweres Zugunglück hier in Shanghai gegeben und dadurch scheinen die Züge jetzt nicht mehr so schnell fahren zu dürfen. Egal, auch 300 km/h sind beeindruckend, vor allem, wenn einem auf dem Nebengleis ein Zug entgegen kommt.

In Pudong, Longyang Station angekommen sind wir zum nächsten Taxistand und von dort haben wir uns zum Stoffmarkt bringen lassen. Das erste chinesische Highlight hatten wir dann bereits am Taxistand.

Genau vor uns war ein riesiger Tumult, da der Fahrer, der an der Reihe war die weißen Rucksacktouristen nicht befördern wollte. Alles schimpfte und gestikulierte wild und der Fahrer musste dann ohne Fahrgast den Weg räumen. Der nächste Fahrer hatte ein Problem mit seinem asiatischen Fahrgast, dasselbe in grün. Mittlerweile diskutierten mindestens 6 Leute lauthals und es hätte mich nicht gewundert, wenn sie die Fäuste geschwungen hätten.

Dann saßen wir aber auch endlich in unserem Taxi und Petra navigierte den Fahrer in chinesisch zum Stoffmarkt. Das ist wirklich beeindruckend, schade, dass ich so gar kein chinesisch spreche. Die Taxis in China haben übrigens immer einen Schutz um den Fahrersitz herum, meist aus Plexiglas, das sieht so aus, als ob der Fahrer in einer eingebauten Telefonzelle sitzt. Grund dafür sind die vielen Übergriffe auf Taxifahrer (wirkt wahnsinnig vertrauenserweckend!).

Am Stoffmarkt angekommen habe ich schon mal die Koffer aus dem Kofferraum geholt, als Petra und der Fahrer laut diskutierten. Der Fahrer versuchte uns weis zu machen, wir wären 20 km gefahren, wobei die Strecke höchstens die Hälfte betragen hatte. Petra drohte mit Polizei, hat ihm nur die Hälfte gezahlt und dann war er weg.

Wir sind dann mit unseren Köfferchen in den Stoffmarkt, ein Gebäude mit 3 Etagen, proppenvoll mit kleinen Ständchen, wo man sich alles nähen lassen oder kaufen kann, was mit Textilien zu tun hat. Natürlich wird man hier ständig angesprochen.

Wir haben uns verschiedene Dinge angeschaut und dann in einem Lädchen, wo uns die Stoffe gefielen, sogar ein fertiges Dirndl gefunden. Das gab Mut. Also wurde unser Bild gezeigt, von dem was wir uns so vorstellen und nachdem wir alle Stoffe und Farben zusammen hatten, wurden wir vermessen, haben die Dirndl mit je 400 RMB (ca. 40 €) anbezahlt und können sie am Montag ab 16 Uhr abholen. Na, da sind wir aber mal gespannt.

Stoffmarkt

Da mittlerweile schon Nachmittag war, sind wir ein paar Meter spaziert und dann in ein Restaurant typisches Shanghai Food essen gegangen. „Gong bao ji ding", scharfe Bohnen, Shanghai noodles, „la wei Qiézi" (Aubergine/Eggplants) .

Speisekarte chinesisch

Das Essen war bis auf ein Gericht sehr gut und danach waren wir so richtig pappensatt. Dennoch sind wir in einen kleinen Laden und haben noch ein paar Klamotten anprobiert, was bei der Wärme nicht so angenehm war. Aber immerhin wurde die Umkleidesammelkabine für uns zwei blockiert, d. h. wir durften alleine anprobieren und man hat uns sogar Sachen zur Auswahl gebracht. Das ist so wie Petra sagte ein ganz besonderer Service.

Ziemlich k.o. sind wir dann gegen 19 Uhr ins Taxi gestiegen und mitten durch Shanghai in den Compound (Jiu Shi Xi jiao Hua Yuan) von Uschi und Frank gefahren. Schade, dass es schon dunkel war, denn das sieht hier wirklich aus wie in einer südländischen Ferienanlage. Auch das Haus hat einen ganz anderen Stil als das Wohnen in Singapur. Wirklich interessant, vor allem hat man hier Klimaanlagen UND Heizungen.

Uschi hatte noch etwas zu essen vorbereitet und bei einem leckeren Gläschen Weißwein haben wir erzählt und erzählt, bis mir dann so gegen 23 Uhr fast die Augen zufielen und ich mich Richtung Bett verabschiedet habe. Morgen ist auch noch ein Tag.

<u>Wissenswerte Vokabeln:</u>

Danke	xiè xiè
Tschüß	Zài jiàn (wieder sehen)
Ich mag nicht	bù yao (nicht mögen)
Ich möchte nur schauen	kàn yi kàn (schauen eins schauen)
Nein	mèi you (nicht haben)
Ja	shi
Richtig, ja, ist so	dui
Bier	pijiu
Hallo	Ni hao
Wie geht es Dir?	Ni hoa ma? (Du gut + Fragewort)
So lala/geht so	mama huhu (Pferdpferd Tigertiger)

Samstag, 27.08.2011

Morgens war ich mal wieder als erstes wach und so habe ich mich erst noch einige Zeit mit Petra unterhalten und dann schon mal angefangen, diesen Reisebericht zu tippen, währen Petra sich noch mal „umgedreht" hat. Als sie wach wurde, sind wir die chinesischen Wörter durchgegangen und als „Hausaufgabe" haben wir beschlossen, bekomme ich jeden Tag ca. 10 Vokabeln auf. Wobei ich da ehrlich Probleme habe, mir diese oft seltsam klingenden Laute zu merken. Kann auch am Alter liegen, wer weiß!

Danach haben wir uns fertig gemacht und gefrühstückt. Uschi und Frank bekommen hier jeden morgen frische Brötchen angeliefert, die fast richtig deutsch aussehen und auf jeden Fall sehr lecker schmecken. Das fehlt in Singapur leider so richtig.

Da Frank noch ein Computerkabel kaufen musste, sind wir alle gemeinsam zum Xujiahui (große Computer-Mall) gefahren. Diese Malls sind der Hammer…ich habe keine Ahnung wie viele Leute hier einfach nur rum stehen, auf Kundschaft warten und die Leute ansprechen. Das sieht immer aus wie ein riesiges Messegelände mit bunten T-Shirts, da die Mitarbeiter einer Firma meist das gleiche T-Shirt tragen, damit man sie auseinander halten kann. Auskunft bekommt man nur, wenn man bei dem jeweiligen Mitarbeiter auch etwas kaufen möchte. Wenn nicht, werden sie entweder dreist oder von Blitz-Amnesie getroffen und wissen gar nichts mehr, der Gesichtsausdruck und die grunzenden Laute dazu sind einfach bemerkenswert.

Da wir alle nach irgendwelchen bestimmten Dingen suchen wollten, mussten wir dann trotz starken Regens irgendwann den Tower verlassen und zum nächsten gehen. Da merkt man dann auch, dass man durch Singapur einfach verwöhnt ist. In den Tropen lebt man mit dem Regen und es wird eigentlich alles so gebaut, dass man selbst bei Starkregen trocken alles erreichen kann. Nicht so in Shanghai. Das Wasser sammelte sich auf der Straße und die ersten Chinesen zogen sich Plastiktüten um die Füße, die sie festbanden, und weiter ging's. Wir waren pitschnass, verschwitzt und die Frisuren waren auch verschwunden, als wir dann endlich im Taxi saßen und Richtung Pearl City fuhren. Unterwegs hatte ich dann auch die Gelegenheit eine komplett versperrte Kreuzung zu sehen, alles hupt, keiner gibt nach und in der Mitte ein kleiner Verkehrsunfall…

Verkehrschaos

Shanghai World Financial Center   Ein Blick in die Hinterhöfe

Nanjing lu

Leben auf der Straße *Im Taxi*

Im Pearl City gibt es Perlenschmuck ohne Ende und ansonsten Fakes, Fakes, Fakes. Wir hatten auf jeden Fall Spaß. und nachdem Uschi sich gegen 13 Uhr nach Hause verabschiedete, sind Petra und ich noch weiter stöbern gegangen. Im Juwelierladen haben wir als gute Deutsche erst einmal die Goldwaagen neu geeicht, da alle Waagen unterschiedliches Goldgewicht anzeigten. Ich habe mir das chinesische Zeichen für „Glück" gekauft, worüber wir abends in einem anderen Zusammenhang noch herzhaft lachen mussten. "Langes Leben" wäre vielleicht doch besser gewesen.

Beim Thailänder haben wir eine Hühnchen-Kokossuppe gegessen und dazu einen Long Island Ice Tea getrunken. Danach ging es leicht angeschwipst mit dem Taxi zum Blumenmarkt. Der Wahnsinn. Blumen und Gedöns ohne Ende und teilweise asiatische Sträuße, bei denen sich einem die Fußnägel kräuseln. Am Ende hatten wir den kompletten Bestand Chili-Erdnüsse aufgekauft, und beladen mit 2 riesigen Blumensträußen (einer für Uschi und einer für Weipo, die Eigentümerin von ehemals Petras, jetzt Uschis Haus) ging es per Taxi nach Hause.

Auf dem Blumenmarkt

Petra und der kleine Blumenstrauß

Dort haben wir erst mal eine Tasse Kaffee getrunken und dazu einen chinesischen Mondkuchen mit Ei in der Mitte probiert. Das war ganz o.k. Dann geduscht, frisch gemacht und weiter ging es für Petra, Uschi. mich und den Blumenstrauß zu Weipo, die ebenfalls im Compound wohnt.

Mooncake

Eine super nette und liebe ältere Dame (76 Jahre alt), die mich sehr an meine Omi erinnerte. Sie lebt dort mit ihrer Tochter und der Ayi (chinesischer Begriff für eine Haushaltshilfe, Local Maid), die restlichen Kinder und Enkel sind in der Welt verteilt. Weipos Haus sieht aus wie ein Museum für asiatische Holzarbeiten, Schränke und Vitrinen. Die beiden haben sich so über unseren Besuch gefreut, dass wir in die Küche geführt wurden, wo wir um den Mittelblock herum Platz nahmen. Wir bekamen alle Sekt, dann wurde Essen in die Mitte gestellt und wir mussten alles probieren. (Bittergurkengemüse, eingeweichtes, gesalzenes Trockengrünzeug, eingekochte Süßkartoffeln, Grünzeug mit Ei und später noch einen Tee, der Fett bindet und dem Abnehmen dient, vor allem nach, zwischen und vor den Mahlzeiten, grins)

Das war einfach toll, die beiden Chinesinnen und Petra mit Uschi, die nur chinesisch sprachen. Schade, dass ich nicht mitquatschen konnte. Na immerhin habe ich „Danke", „Prost" und später „Auf Wiedersehen" sagen können. Ich hätte noch Stunden da sitzen, einfach zuhören und die Stimmung genießen können.

Ging aber nicht, da wir uns im Clubhaus mit Dani und Berni (inkl. Kinder) zum Essen verabredet hatten. Als wir ankamen hatte Frank schon mal die Bestellung der kalten Vorspeisen abgeschlossen. Und ja, er hatte gut aufgepasst, was wir hier alles auf unsere „China-Essen-To-Do-Liste" gesetzt hatten.

Es gab „Qualle", wobei die hier nicht wie in Singapur in feine Streifen, sondern in Scheiben geschnitten wurde. Das ganze irgendwie in Soja eingelegt, schmeckt nach Soja und man kann die knorpelige Masse nur noch kauen und irgendwann endlich runterschlucken.

Dann gab es noch gekochte Hühnerfüße. O.k., gesehen hatte ich die in Singapur ja auch schon, aber wenn sie vor einem auf dem Tellerchen liegen, eiskalt und weiß, dann sieht das wirklich aus wie kleine abgehackte Kinderfinger. Fühlt sich auch so an. Also, Augen zu und durch. Dreimal leicht angenagt musste reichen und dann noch die Fotobeweise. Mal abgesehen davon, dass da ja eh nicht viel dran sein kann, schmecken die nach nichts und alles in allem: NEIN, das braucht man nicht!

Hühnerfüße

Das restliche Essen war super lecker, von Fisch und Fleisch süß-sauer, mit und ohne Ananas, Brokkoli, Fried Rice, Dumplins, Gong bao ji ding, scharfe Bohnen über eingelegte Salatgurken und und und.

Sehr, sehr lecker! Danach hat Frank uns angeboten, uns zur Massage in der Nähe zu fahren und uns danach wieder abzuholen. Also, nichts wie hin! Was gibt es Schöneres, als sich mit vollem Bauch auch noch massieren zu lassen?

Im Nachhinein ist das alles eigentlich von Anfang an sehr witzig, auf jeden Fall kennen wir seitdem den Unterschied zwischen „Body Massage" und „Full Body Massage" und wissen, dass es wohl durchaus auch Massagen mit Happy Endings für Frauen geben muss.

Was war passiert?!

Wir sind in den Laden, den auch Petra bereits von früher her kannte, gegangen. Der Eingangsbereich sah sehr asiatisch aus und fast wie ein Spa. Dort haben wir uns für die Fußmassage und anschließende Rückenmassage mit Öl entschieden (Foot and Upper Back Massage). Wir wurden dann gefragt, ob ein Masseur auch in Ordnung ginge, aber da es erstens um eine Rücken- und Fußmassage ging und wir zu dritt waren, haben wir natürlich „o.k., mei you wenti" (kein Problem) gesagt. Im Fußmassageraum saßen wir zu dritt nebeneinander. Die beiden Masseure fingen mit Petra und mir an, Uschi's Masseurin kam 10 min später.

Bis dahin war alles in bester Ordnung. Zu Beginn kamen die Füße in einen Eimer mit warmem Wasser und dabei wurde man am Nacken/Kopf massiert, zur Lockerung. Das war richtig schön. Dann ging es an die Fußmassage. Auch die war richtig gut und sehr angenehm. Im Fernsehen lief ein Bericht über den Film „Madagaskar". Wir haben viel gequatscht und gelacht und die beiden Masseure untereinander auch, was im Nachhinein auch ins Bild passt. Verstanden haben weder Petra noch Uschi sie…nu denn…nach den Füßen wurden Petra und ich in die 3. Etage geführt und irgendwie fand ich die Inneneinrichtung schon nicht mehr ganz so „Spa", sondern eher etwas „puffig".

Das waren dann auch meine letzten Worte an Petra, bevor man uns in verschiedene Zimmer führte, die in ganz dunkles Dämmerlicht getaucht waren, mit Stoff an den Wänden und einem Samt-„Schallschutz" an den Türen.

Wir haben uns in Singapur schon oft massieren lassen und wir sind auch nicht verklemmt, aber ein komisches Gefühl hatte ich schon. Komisch fand ich auch, dass - als ich mich oben rum frei gemacht hatte und mit dem Bauch auf die Massageliege gelegt hatte - der Masseur reinkam und mir so ein Einweghöschen hinhielt, ich solle mir auch die Hose ausziehen. Ich versuchte ihm klar zu machen, dass das nicht nötig sei, da ich ja nur den Rücken massiert haben wolle. Er ließ sich aber nicht beirren. Leider sprach er aber nur chinesisch und nach einigem Hin- und Her, er wollte auch irgendwie gar nicht gehen, ging er dann doch raus und so habe ich meine Hose aus- und dieses blaue Einwegteil über meinen Slip gezogen und mich wieder hingelegt. Die Rückenmassage, die dann kam, war schön, auch wenn ich es komisch fand, wenn ein Mann vor deinem Kopf steht, auch wenn du auf der Massageliege nach unten schaust, er dann bis zu deinem Po massiert und dabei irgendwie immer mit bestimmten Körperstellen an deinen Kopf kommt....Ich hab mir halt gedacht: „Michi, du bist in Shanghai, das machen die halt so!".

Dann hörte er irgendwann auf und gestikulierte mir mit rollenden Händen, dass ich mich umdrehen sollte, dazu wildes Chinesisch. Ich habe auf Englisch gesagt, dass ich nur Feet und Backmassage haben wollte und den Kopf geschüttelt. Nachdem sich das ein paar mal wiederholte ging er raus und holte die Preis- und Übersichtskarte der verschiedenen Massagen. Hier habe ich dann noch mal auf die Massage gedeutet, die ich haben wollte und auf meinen Rücken gezeigt. Er ließ aber nicht locker und da habe ich dann halt gedacht „Michi, der Bauch und das Dekolletee gehören in China bestimmt mit zur Back-Massage...andere Länder, andere Sitten halt, Konfuzius sagt....

Nun denn, die Massage an sich war auch o.k., was mich dann doch verwunderte war, dass er weder beim Umdrehen diskret ein Handtuch vor meinen Busen hielt, noch bei der Massage dezent "drum herum" massierte. Nö, ich hatte die Wahl zwischen „das macht man in China so, die unterscheiden beim Massieren nicht zwischen Muskeln und Fett" oder „ich glaube, der hat gerade Spaß".

Ich habe die Augen geschlossen, mich für die erste Variante entschieden und die kurze Zeit damit verbracht zu überlegen, ob ich gerade etwas unterstelle oder ab welchem Punkt ich zuschlagen dürfte.
Noch mitten im „Denken" war es auch schon vorbei und er ging raus. Als er zurückkam stellte ich erleichtert fest, dass er nur ein Handtuch und warmes Wasser zum Abwischen des Öls geholt hatte. Danach ging er.

Ich bin dann ganz schnell in meine Klamotten und aus dem Raum raus. Dort stand ein Guard, der mich auf Chinesisch ansprach, mir andeutete ihm zu folgen und mich in ein dämmriges Zimmer mit TV führte, wo ich anscheinend warten sollte.
Seltsam, seltsam....nach einigen Minuten kam Uschi dazu. Puuuhhh war ich erleichtert. Komisch wurde es, als ich Uschi dezent fragte: „Sag mal, hast Du Dich auch umdrehen müssen?" und Uschi antwortete: „Nö, ich lag die ganze Zeit auf dem Bauch, Hose an und wurde wunderbar von der Masseurin massiert". Sie meinte: „Der wollte bestimmt nur mal gucken und hatte seinen Spaß"...Na super, womit ich dann doch mit meiner 2. Variante richtig gelegen hatte....

Als Petra nach 10 min immer noch nicht wieder auftauchte, sind wir einfach aus diesem komischen Wartezimmer nach unten in den Empfang gegangen und haben schon mal bezahlt.

Und dann kam endlich Petra, völlig hektisch und bezahlte noch was, worauf ich dann sagte, es sei schon bezahlt und sie aber meinte es wäre schon richtig so. Und dann fing sie kopfschüttelnd an zu lachen und meinte nur: „Jetzt kenne ich auch den Unterschied zwischen „Body Massage" und „Full Body Massage"….

Was war bei Petra passiert?! Ihr Masseur sprach übrigens recht gut Englisch und Petra kann ja Chinesisch und so hatte man ihr gesagt, sie solle alles ausziehen und den Slip könne sie auch ruhig gleich mit ausziehen. Auch sie hat ihn anbehalten. Dann kam die Rückenmassage und während dessen die Diskussion darüber wie schön doch eine Full Body Massage wäre, Petra diskutierte noch etwas, weil die ja länger dauert, wir dann unten warten müssten, und so hat er angeboten, so ein Zwischending zu massieren.

Kurz und gut, der Ablauf wie in Kabine A bei mir, dann kamen aber die Beine dazu und bei Oberkörper von vorne hatte auch dieser Masseur nicht die geringsten Berührungsängste. Als er dann die Bauchmassage immer weiter nach unten ausdehnen wollte, hat Petra gesagt, dass es nun aber mal gut sein und wohl etwas irritiert hat er dann die Massage beendet mit den Worten, über die wir den ganzen Abend noch Tränen gelacht haben: „Oh you are very sensitive" und zum guten Schluss: „Also wenn sie noch etwas wolle, er stünde immer gerne zur Verfügung und er hätte auch Freunde"!

Wir kamen uns vor wie beim Abspann von „Hangover" und haben alles zurückgespult, angefangen beim Kettenanhänger „Glück" und jeden einzelnen Moment während der Massage. Wie sich herausstellte wurde Uschi auf der 2. Etage massiert und Petra und ich auf der 3. Etage.

Frank meinte schon, dass die 3. Etage höchstwahrscheinlich für ganz bestimmte Fälle reserviert wäre. Vielleicht haben die schon bei der Fußmassage diskutiert, welchen Plan sie gleich anwenden oder wer das Glück auf größere Brüste hat….uuuuuhhhh….

Uns stellte sich nur die wichtigste Frage: „Was hat die veranlasst zu denken, wir wollten so etwas" bzw. war Petra total geschockt, dass es hier so etwas gibt und es uns passiert: „Jetzt hab ich 5 ½ Jahre in China gelebt, alles o.k., und reise 1 x mit Michi nach Shanghai und dann so was!" Frank, der uns abholte, hörte aufmerksam und genau so verwundert zu und machte uns dann zuhause erst mal einen „Drink auf den Schrecken".

Mit dem Wunsch „Na, dann träumt mal alle schön" sind wir dann gegen 1 Uhr morgens ins Bett.

Ich sollte dann doch recht zügig noch ein paar chinesische Vokabeln lernen, denn mit meinem bisherigen Wissen hätte ich ja höchstens „ja bitte mehr" oder „ein Bier" bestellen können.

<u>Wissenswerte Vokabeln:</u>
Rechts   you guai
Links   zuo guai
Geradeaus   yize zou
Stopp   ting
Ampel   hong lü deng (rot grün Licht))

Prost	Gan bei (leer Glas)
Ich	wo
Du	ni
Kein Problem	Mei you wenti (nicht haben Fragen)
Probieren	shi shi
Das ist (sehr) gut	zhe ge (hen) hao
Langsam	man

Sonntag, 28.08.2011

Morgens haben wir uns alle etwas Zeit gelassen, da wir erst gegen 11 Uhr Richtung Brunch ins „Le Méredien" gefahren sind. Dort haben wir uns mit Ingrids Freund und dessen Familie getroffen.

Der Brunch war der Wahnsinn, so viel verschiedenes, wahnsinnig toll dekoriertes, super leckeres Essen auf einer Stelle, habe ich selten gesehen. Es gab alles, international, Chinesisch, herzhaft Deutsch, Japanisch und für die Kinder dann noch einen extra Kinderbereich, wo sie spezielles Kinderessen hatten und Kinderanimateure sich um sie kümmerten. Free-Flow of Champagne war inklusive und dann gingen noch so nette „Krankenschwestern" herum, Asiatinnen in ganz kurzen Röckchen auf Highheels, die einem auf Wunsch mit einer Spritze einen Cocktail in den Mund spritzten...jajaja...so ähnlich wie bei „Hooters" in den USA...wer's braucht!

Gegen 16 Uhr sind die anderen nach Hause gefahren und Frank, Petra und ich haben uns aufgrund der guten Sicht aufgemacht, die Stadt anzusehen.

Zuerst sind wir die Haupteinkaufsstraße (Nanjing lu) entlang geschlendert, eine Mischung aus Orchard Road und der Kölner Hohe Straße. Die Menschenmassen und das fremdländische Treiben auf Asiens Straßen haben schon was. Wie in jeder großen Stadt ist vor allem das Gegensätzliche der Menschen faszinierend, Business-Leute, Familien, Freaks, Leute in Schlafanzügen, Unterhemden, alt und jung, arm und reich...

Wir sind dann Richtung Fluss (Huangpu River) spaziert und dort in eins der ältesten Hotels von Shanghai, in das „Peace Hotel" (existiert schon länger als ein Jahrhundert) eingekehrt. Dort durften wir nach einigem Hin- und Her sogar auf die Dachterrasse, von der wir schon einen sehr schönen Ausblick auf die Skyline und den Bund hatten.

Da das Wetter richtig gut und klar war, haben wir uns entschieden, die Skyline von ganz oben zu sehen und auf das Shanghai World Financial Center – SFC (bei uns: „Flaschenöffner" genannt, da er genau so aussieht) zu fahren.

Gesagt getan, also ging es mit einer kleinen Bahn durch den so genannten Sightseeing Tunnel, was auch immer das darstellen soll. Man fährt ein paar hundert Meter durch einen Tunnel, der verschieden beleuchtet wird. Asiatisch halt...(Dinge, die die Welt nicht braucht!!)

Shanghai Skyline

Dann ging es zu Fuß zum SFC und nach mehrfachem Anstehen, diversen Aufzügen und einer Nachzahlung, waren wir dann auch endlich ganz oben auf der Aussichtsplattform in 474 m Höhe. Faszinierend! Ich bzw. meine Beine brauchten etwas länger, um sich da oben vorwärts zu bewegen, da es nicht nur sehr hoch war, die Plattform nicht sehr breit und alles aus Glas ist, sondern netterweise auch noch Glaselemente in den Boden eingelassen sind, durch die man so nett nach unten sehen kann….für Menschen wie mich, mit Höhenangst, quasi perfekt!

Zum Glück waren wir lange genug da oben und so nach und nach konnte ich dann auch die Aussicht genießen. Das war schon wahnsinnig beeindruckend und schön, wie sich nach 18 Uhr so langsam die Dunkelheit über Shanghai senkt und nach und nach ein Gebäude nach dem anderen angestrahlt wird. Wunderschön… Als the Pearl of Asia zu leuchten anfing sind wir dann langsam wieder nach unten gefahren.

Im Dunkeln hat auch der Bund wieder eine ganz andere Ausstrahlung und die Möchte-Gern-Mississippi-Dampfer, die, angestrahlt wie amerikanische Weihnachtsbäume, ihre Runden flussauf- und abwärts ziehen, passen einfach ins Bild.

Wir haben uns beim Paulaner ans Ufer gesetzt und bei einem kühlen Weizen die Stimmung genossen.

Ziemlich platt und k.o. sind wir dann gegen 21 Uhr heimgekehrt, wo Uschi schon mit den Zutaten für einen leckeren Caipirinha wartete. Also, frisch geduscht und einfach genossen. Dazu gab es dann noch Brot und Käse…hach, was will man mehr…

Mit der nötigen Bettschwere ging es dann spät ins Bett.

<u>Montag, 29.08.2011</u>

Mal wieder früh aufgestanden und, da eine ganz normale Arbeitswoche anfängt, ist Frank zur Arbeit und Ingrid zur Schule aufgebrochen.

Uschi, Petra und ich haben erst mal in Ruhe gefrühstückt und dabei überlegt, was wir noch machen und in welcher Reihenfolge wir den Tag angehen sollen. Gar nicht einfach in so ein paar Tagen eine Stadt wie Shanghai zu bewältigen.
Nachdem wir fertig waren, sind wir dann Richtung Jade Buddha Tempel aufgebrochen. Petra hat mich schon vorgewarnt, aber als wir aus dem Taxi stiegen hat es mich dann doch umgehauen. Menschenmassen, hektisches Treiben und - wie überall an den typischen Touri-Ecken - Bettler ohne Ende. Oft stellen sie sich nur vor einen und klimpern mit einer Blechdose, manchmal haben sie aber auch behinderte oder verstümmelte Kinder dabei. Das macht sehr betroffen, vor allem da auch bekannt ist, dass es Banden gibt, die Kinder nur für solche Zwecke verstümmeln.

Im Tempel selber war es genau so voll und hektisch, überall betende Menschenmassen. Die Chinesen halten sich riesige, brennende Bündel Räucherstäbchen vor die Stirn, beten und verbeugen sich dabei, um sie danach zusammen mit ihren Opfergaben in das Feuer zu werfen. Die Geräusche, Gerüche, die Hitze und die Menschenmassen erschlagen einen.

Im Tempel

Tee-Zeremonie

Im Tempel sind wir dann ins Teehaus, wo wir an einer kleinen Teezeremonie teilgenommen haben. Hier kann man sich gegen alle Wehwehchen und zur Steigerung des Wohlbefindens Tees mischen lassen. Ich hab mich für eine Mischung aus Gewichtsverlust und Körperbalance entschieden. Nu, wer dran glaubt, mal sehen. Tee trinken und abwarten.

Wir sind dann durch alle Tempelbereiche geschlendert und haben eifrig den Bauch des kleinen dicken Buddha gestreichelt, was Glück bringen soll.

Nach dem Tempel sind wir Richtung Yu Garden. Dort angekommen hat mir Petra erst einmal ein typisch chinesisches Kaufhaus gezeigt, und wir haben uns tapfer durch die Stände und Etagen gekämpft. So viel Zeugs, Kitsch und Dinge, die die Welt ganz bestimmt nicht braucht, habe ich vorher noch nie gesehen.

Kitsch as Kitsch can

Wieder an der frischen Luft, haben wir uns das älteste Teehaus angesehen, das man über eine Zickzack-Brücke erreicht, da ja bekanntlich die bösen Geister keinen Zickzack laufen können. Genau so wie die Tempel und Häuser wichtiger Persönlichkeiten eine Erhöhung im Eingangsbereich haben, weil die bösen Geister nicht über Treppen steigen können…

Yu Garden

Der Gartenbereich war wirklich wunderschön, so, wie man sich China vorstellt: Bonsaibäume, chinesische Pagoden und Koi-Karpfen ohne Ende.

„Elektro-Fachgeschäft"

Nebenstraßen in Shanghai

Da wir nun schon Nachmittag hatten, war es langsam Zeit für den Stoffmarkt. Petra hat mich durch typische Hinterhöfe und Seitenstraßen geführt. Ich weiß nicht, ob ich alleine dort durchgelaufen wäre. Wir waren auf jeden Fall ziemlich auffällig, da Weiße wohl eher selten bis nie dort hinkommen.

Vorbei an Wohnungen, teils offenen Häusern, bei denen man sich nicht vorstellen kann oder will, dass hier Menschen leben. Faszinierend war auch eine Straße, in der wohl gebrauchte Elektrosachen angeboten wurden. Das Zeugs lag wild aufeinander und im Gegensatz dazu sieht bei uns selbst der E-Schrott wie Neuware aus.

Inmitten dieses Chaos haben wir dann eine Pause eingelegt und bei einer Coke Zero und einem Tee-Ei (das stand auch noch auf der Probierliste und schmeckt ganz normal nach Ei, etwas würziger) haben wir uns auf den Bürgersteig gesetzt und das bunte Treiben beobachtet…das bunte Treiben hat uns aber ebenso interessiert beobachtet!

Danach ging es die letzten Meter mit dem Taxi Richtung Stoffmarkt, um unsere Dirndl abzuholen.

Das war natürlich noch nicht abholbereit, aber nachdem wir uns noch etwas Zeit um die Ohren geschlagen haben, waren sie dann endlich fertig. Bei 30 Grad und völlig klebrig vor Schweiß, hieß es dann, im Verkaufsstand, hinter einem Vorhang, zwischen den Schaufensterpuppen, auf ca. 30 x 30 cm in die Blusen, Dirndl und Schürzen zu schlüpfen.

Aber siehe da, es passte alles, und auch wenn es recht ungewohnt war, in einem Dirndl da zu stehen, sah es gut aus und die Chinesinnen waren so begeistert, dass sie erst mal ein Foto gemacht haben. Also, bestellt sich einer auf dem Stoffmarkt ein Dirndl, nicht erschrecken, wir sind auf dem Musterfoto. Die restliche Summe von 200 RMB (ca. 20 €) bezahlt und los.

Danach durch das Shanghai-Verkehrschaos noch schnell mit dem Taxi zur Pearl City, wo Petra meine Uhr umgetauscht hat, während ich im Taxi gewartet habe und der Taxi-Fahrer in der Zwischenzeit auf der Straße neben dem Taxi irgendwelche asiatischen Lockerungsübungen machte.

Wieder bei Uschi haben wir erst mal geduscht und dann gemütlich auf der Terrasse gesessen und wieder ein leckeres Uschi-Essen gegessen.

Wir waren gerade fertig als Petras ehemaliger Fahrer, Mr. Ying, mit Frau und Tochter zu Besuch kam. Später kamen noch Freunde dazu.

Als später alle nach und nach gingen, kam Dani noch rüber und bei Wein, Bier, Trauben und Drachenaugen (Obst, ähnlich wie Litchi) haben wir noch lange gequatscht.

Ich bin dann vor den anderen mit mindestens einem Glas Wein zu viel ins Bett, hab mich gut festgehalten und bin bald eingeschlafen.

<u>Wissenswerte Vokabeln:</u>

An (Schalter)	kai
Aus	guan
Schalter/Knipser	Kai guan
Singapur	xinjiabu
Shangh hai	über dem Meer
Drachenauge	Long Jing
Trauben	Putao
Wein	Putao jiu
Alkohol	jiu

<u>Dienstag, 30.08.2011</u>

Der letzte Tag in Shanghai…
Nach dem Aufstehen, dem Frühstück und einer Anti-Kater-Kopfschmerztablette ging es Richtung Decathlon, einem riesigen Sportladen, und ins Carrefour, einem riesigen

Supermarkt, den es auch in Singapur gibt. Da es hier auch die tausendjährigen Eier zu kaufen gab, habe ich ein 4er Paket geholt…noch ein Punkt auf der To-Do-Liste.

Wieder zurück haben wir die Eier probiert. Die Schale ist sehr hell, gesprenkelt und gewachst, die Eier selber sind fast schwarz und stinken wie die Pest nach Aceton. Das Eiweiß ist wie festes braunes Gelee und das Eigelb auch ganz dunkel aber noch leicht flüssig. Könnte man alles ausblenden, so schmecken die Dinger wirklich nach Ei, aber Aussehen, Konsistenz und Geruch sind schon arg gewöhnungsbedürftig….aber probiert und schnell ein kleines Stoßgebet an die Schutzheiligen der Hepatitis-Impfstoffe gesandt.

1000 jähriges Ei

Dann haben wir zwei Runden Skip-Bo gespielt und, damit uns die Massage doch in guter Erinnerung bleibt, sind wir ins Clubhaus zur Fußmassage, d. h. Petra zur Fußmassage und ich habe mir mal eben für ca. 6 € die Haare schneiden lassen, mit ca. 20 min Kopfmassage, 15 min Schneiden und 20 min Föhnen…das machte so müde, dass ich im Sitzen beim Föhnen eingenickt bin und wach wurde, weil der Kopf wegknickte…wie peinlich! Obwohl, in China muss einem nichts peinlich sein, zu schlafen schon gar nicht, denn Chinesen können immer und überall in allen und den unmöglichsten Stellungen schlafen!

Danach wollten wir uns eigentlich noch bei Weipo bedanken, die uns allen chinesische Teetassen und Tee vorbeigebracht hatte. Sie war aber leider nicht da, und so sind wir vor den Compound spaziert, zu Petra's berühmter „Nudelbutze", ein kleines Lädchen, inmitten von anderen kleinen Geschäftchen, Auto- und Mofa-Reparaturstätten.

Dort haben wir für ganz kleines Geld eine super leckere Suppe und andere Gerichte (Bohnen, Kartoffeln mit Fleisch) probiert. Alles richtig gut und dazu im Hintergrund die lauten Schlürfgeräusche der Asiaten. Auch hier geht wohl sonst kein Weißer hin…wir aber! ☺

Dann haben wir die Koffer weiter gepackt und, oh Wunder, sie sind an ihrer Aufgabe gewachsen und ließen sich tatsächlich noch schließen.

Zu guter Letzt kam Dani mit ihren Kindern noch kurz vorbei, und dann hieß es um 15.30 Uhr auch schon Abschied nehmen und auf mit dem Taxi zum Flughafen.

Dort haben wir uns erst einmal vergewissert, dass unsere Immigration Cards noch im Pass sind, und haben dann eingecheckt. Zum Glück hat Petra mich danach noch mal gefragt, ob ich die Karte hätte und, oh Wunder, sie war doch rein zufällig der asiatischen Stewardess heraus gefallen und lag zusammen mit meinem alten Boarding Pass neben ihr auf dem Boden des Gepäckbandes. Böse, wer Böses denkt…denn ohne diese Karten gestaltet sich eine Ausreise nahezu unmöglich.

Wir haben uns dann die Zeit bei einem bzw. zwei Weizen vertrieben und sind leicht angeschickert in den Flieger. Der war zum Glück nur halb ausgebucht und so hatten wir einen Fenster- und einen Gangplatz und den dazwischen frei.

Der Flug war auch recht ruhig und so sind wir dann endlich sicher und hundemüde um 0.30 Uhr in Singapur gelandet.
Der Zoll war nicht besetzt, und so konnten wir unsere China-Mitbringsel und Uschis selbst gemachten Senf ohne Diskussion zum Auto schleppen. Bernd, Petras Mann, wartete schon, und gegen 1.30 Uhr lag ich müde und dennoch völlig aufgewühlt im singapurischen Bett.
The End-lah - ☺

21 SCHNEGESTÖBER IN SINGAPUR

Pünktlich mit dem letzten Schultag kam Kira von der Schule, legte sich abends ins Bett und wachte am nächsten Morgen mit über 39 °C Fieber völlig fertig auf. Wir haben das beobachtet, und da wir ja bekanntlich in den Tropen wohnen und es hier ein paar nicht so schöne Krankheiten gibt, sind wir am übernächsten Morgen direkt mit ihr ins Krankenhaus gefahren. Die kennen uns eh und haben nach einigen Untersuchungen und Bluttests festgestellt, dass Kira Mykoplasmen hat. Gut, das hatten wir noch nie, muss man aber auch nicht unbedingt haben. Trotz Antibiotikum sowie schmerz- und fiebersenkenden Mitteln hing Kira total durch, hat nur geschlafen und getrunken und brauchte fast eine Woche, um wieder auf den Beinen stehen zu können.

Am 23.12. konnten wir sie dann mit dem „Schneegestöber" an der Tanglin Mall auf die Straße locken. Letztes Jahr haben wir dieses Spektakel versäumt. Ich sage nur „typisch Singapuri", aber nach 1,5 Jahren im ewigen Sommer fand ich es wirklich ganz witzig.

Aus riesigen Kanonen wird zuerst Schaum als Lawine erzeugt und dann als Schnee rausgepustet. Mal abgesehen von der riesigen Schweinerei und manchen recht unterbelichtetem Erwachsenen, haben die Kinder eine Mordsgaudi, und wenn ich nur so in den Abendhimmel geträumt und die Palmen weggeblendet habe, dann sah es wirklich fast aus wie echter Schnee...

Schneeballschlacht à la Singapura

22 UNSER 2. WEIHNACHTSFEST IN DER FERNE

Mirko, der letztes Jahr zu Thanksgiving seine Liebe zum Turkey entdeckt hatte, wünschte sich zusammen mit Kira einen Truthahn als Weihnachtsessen, und so haben wir es dann auch gemacht. Gepimpt mit deutschen Kartoffelklößen (Fertigmischung aus Deutschland), Opa Werners Toastbrotmäuschen, Süßkartoffelauflauf und Brokkoli.

Morgens gab es natürlich die obligatorischen „3 Nüsse für Aschenbrödel" mit den üblichen Mama-Tränchen, und am Nachmittag ging es zum ökumenischen Gottesdienst, wo es die Pastorin und der Pastor dieses Jahr dank neuer Mikroanlage sogar schafften, die Kinder zu übertönen.

Die Bescherung war, wie letztes Jahr, dank der Glückwünsche und Carepakete von Freunden und Familie aus Deutschland besonders für die Kinder wieder ganz toll.

Am 1. Weihnachtstag hieß es zur Freude von Mirko: Truthahnresteessen und weniger zur Freude der Kinder: Packen, denn am nächsten Tag ging es auf nach Kambodscha.

23 KAMBODSCHA UND VIETNAM

Wie immer waren wir mit der Reisebuchung recht spät dran, aber dank der Empfehlung eines Reisebüros in Vietnam und einer sehr fixen Mitarbeiterin hatten wir in Nullkommanix sowohl für Kambodscha als auch für Vietnam tolle Programme…denn mal los.

Es ist gar nicht einfach, diese ganzen Eindrücke in recht kurze Worte zu fassen, vor allem für mich. Ich werde es aber versuchen….

Unser erstes Ziel war Kambodscha und dort ging es erst einmal nach Phnom Penh.

Wir hatten überall vor Ort eine/n englischsprachige/n Reiseführerin bzw. Reiseführer und jeweils alles im Programm wie Fahrer, Schifffahrten, Eintrittspreise, Essen, etc. Das machte die Sache sehr einfach, da man eigentlich nur gehen und zuhören musste, wobei das Zuhören auch manchmal recht abenteuerlich war.

Chinesisch-singapurische Akzente sind wir ja nun eigentlich schon gewohnt, aber wenn ein „after" zum „apsta" wird, das „r" wirklich durch ein „l" ausgetauscht und die Endungen weggelassen werden, dann können die Lehren Buddhas schon arg schwere Kost werden…und es gibt verdammt viele Geschichten. Nun, zumindest in Phnom Penh machte das süße Grinsen unserer Reiseführerin das alles wieder gut. Lückentextgeschichten sind eh viel spannender!

Wir haben uns Wat Phnom angesehen, wo wir kleine Vögelchen in die Hand bekamen, die man für wenig Geld kaufen konnte, um sich etwas zu wünschen und den Vogel frei zu lassen, damit der Wunsch in Erfüllung geht. Witzig war, dass alle Vögel nach rechts flogen, um sich außer Sichtweite wieder einfangen zu lassen….tststs…gefiederte Mafia.

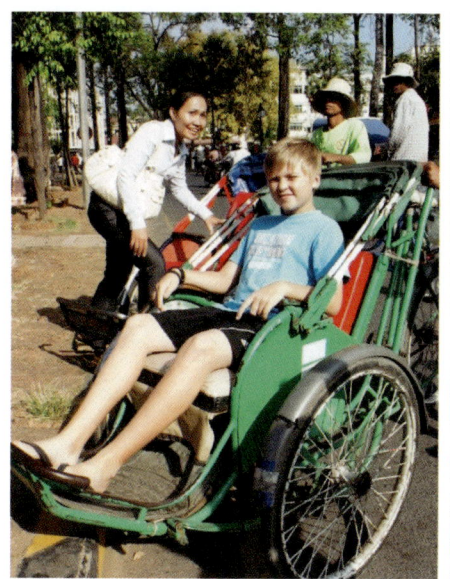

Unterwegs mit dem Cyclo

Wat Phnom

104

Danach waren wir beim Russian Market, einer riesigen Halle, wo man wirklich alles Mögliche, darunter auch wirklich schöne Handarbeiten kaufen kann. Mit den Cyclos (Fahrräder, auf denen man vorne sitzt, der Fahrer sitzt dahinter und tritt) ging es dann ein bisschen durch die Stadt. Am nächsten Tag standen der Königliche Palast auf dem Programm, - eine wunderschöne, beeindruckende Anlage, - das Nationalmuseum, - weniger beeindruckend und abends gab es eine kleine Bootstour auf dem Mekong Fluss.

Kurze Mittagspause

Local Market   *Spezialität: Angebrütete, gekochte Eier*

Russian Market

Kurze Fahrt auf dem Mekong River

Phnom Penh hat uns sehr gut gefallen. Vor allem durch den französischen Einfluss hat das Städtchen irgendwie etwas Europäisches und es gibt super leckere Baguettes.

Der Königliche Palast

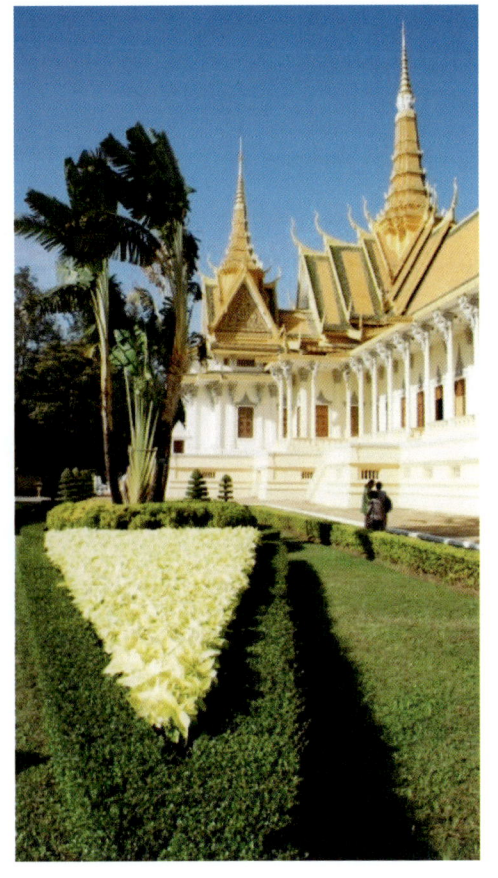

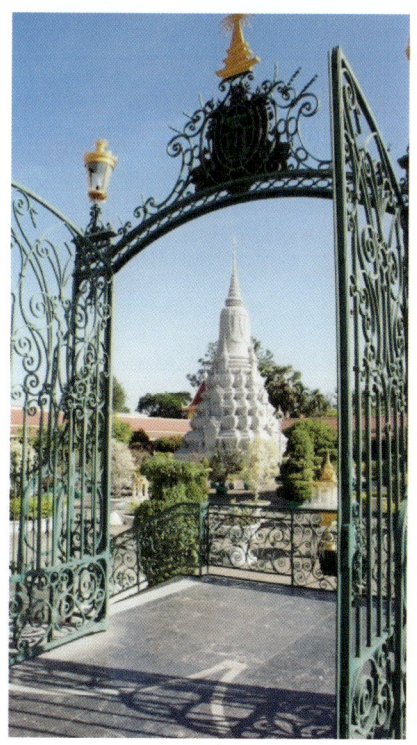

Artisan d'Angkor

Artisan d'Angkor

Am 3. Tag ging es dann früh morgens mit dem Reisebus (Mekong Express) nach Siem Reap. Die Fahrt dauert 6 Stunden, war aber erträglich, auch wenn zwischendrin so nette China-Actionfilme liefen, die bei uns mit FSK 18 versehen wären. Aber hier gilt: Gewalt ist eh überbewertet. Hauptsache man sieht keinen tiefen Ausschnitt oder gar Brüste.

Wer nach Siem Reap kommt, der muss sich einfach die gigantischen Tempelanlagen von Angkor ansehen. Es ist wirklich beeindruckend, aber natürlich auch wirklich anstrengend. Als es nach 5 Stunden Angkor am nächsten Morgen wieder hieß, Angkor, bekamen unsere Kinder eine mittelstarke Tempelallergie.

Im Nachhinein wissen wir, dass man sich auf die wichtigsten und schönsten Bauwerke konzentrieren sollte, aber unser Reiseführer wollte wohl grob zeigen, welche Mengen es hier gibt. Es lohnt sich auf jeden Fall!

Apsara-Tänzerinnen

Angkor und seine Tempelanlagen

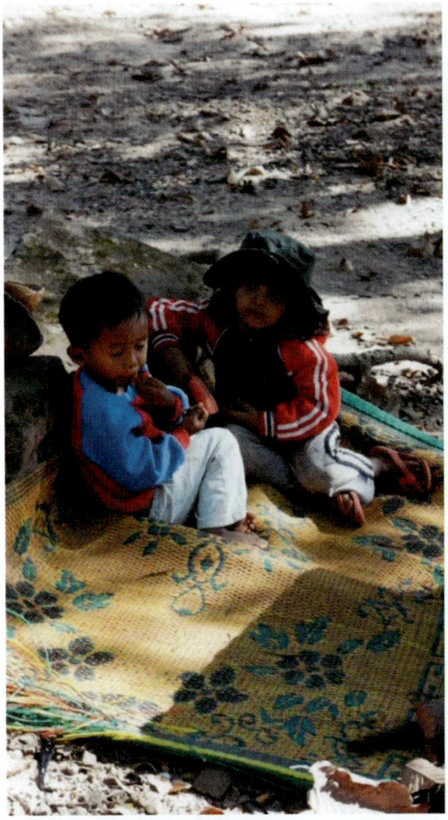

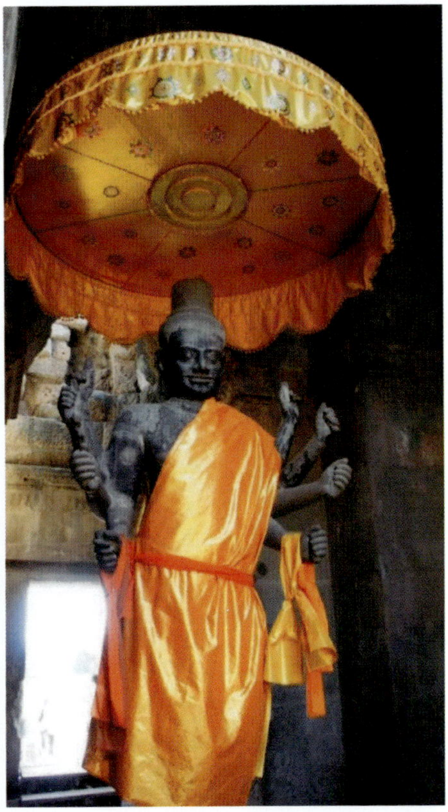

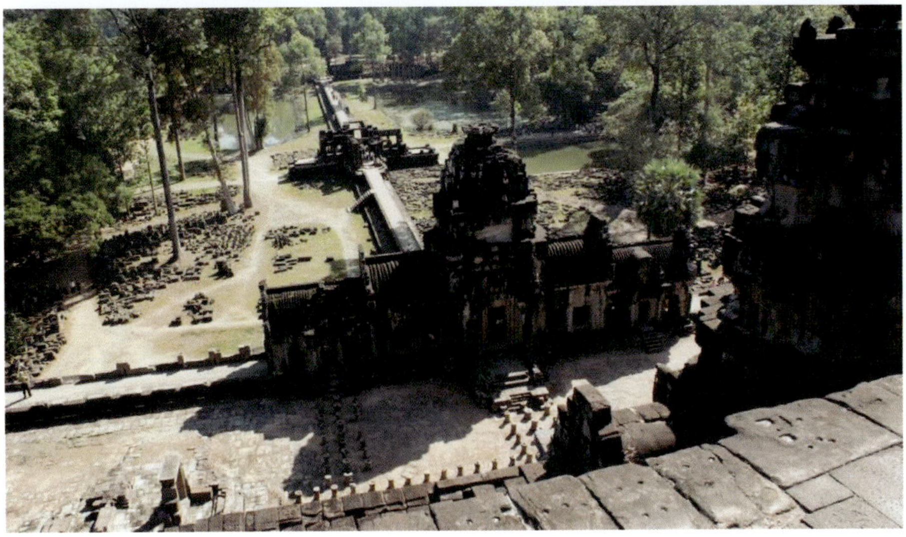

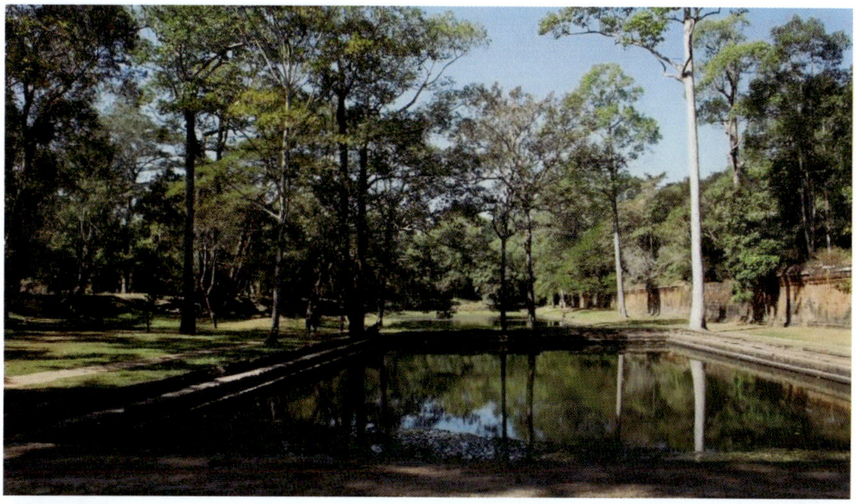
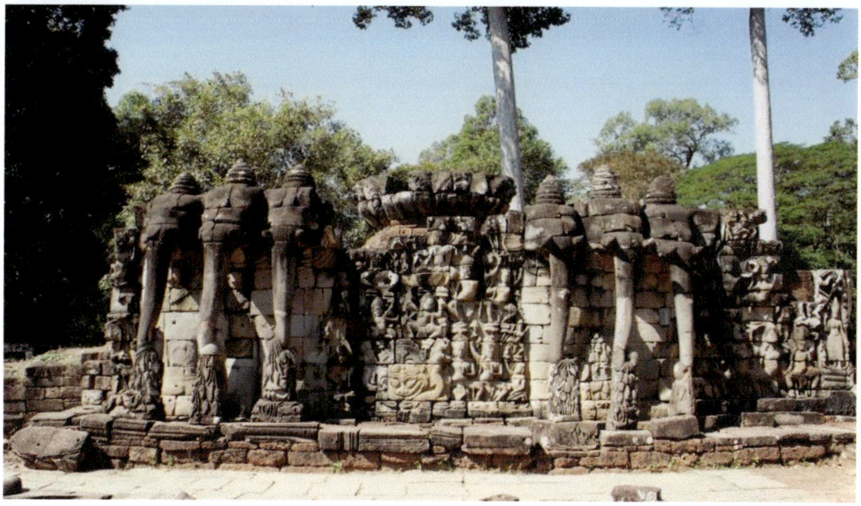
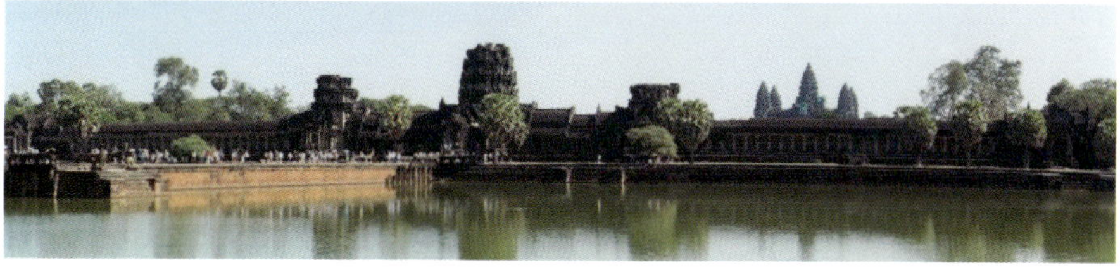

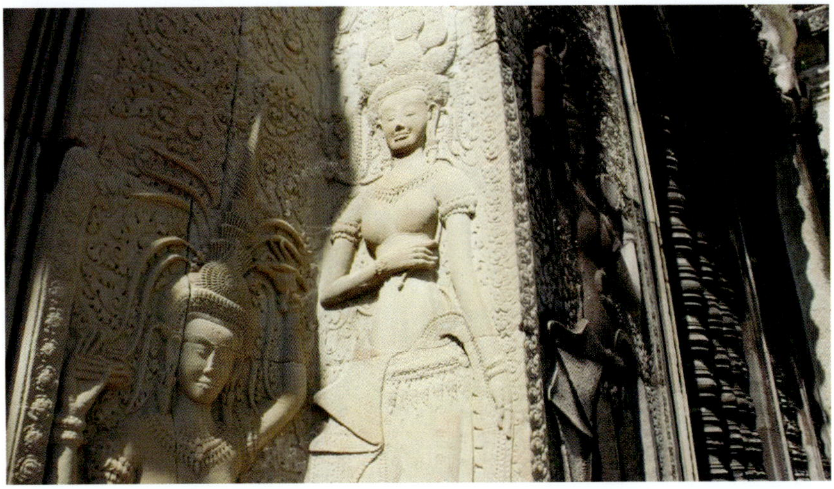

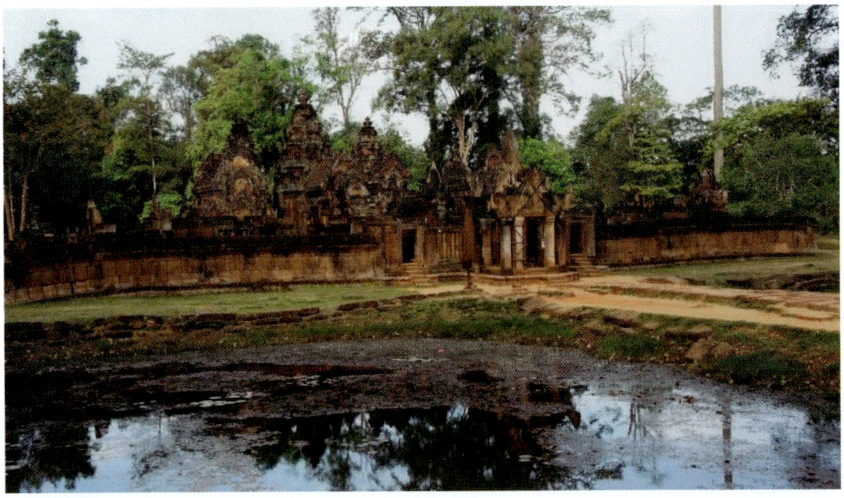

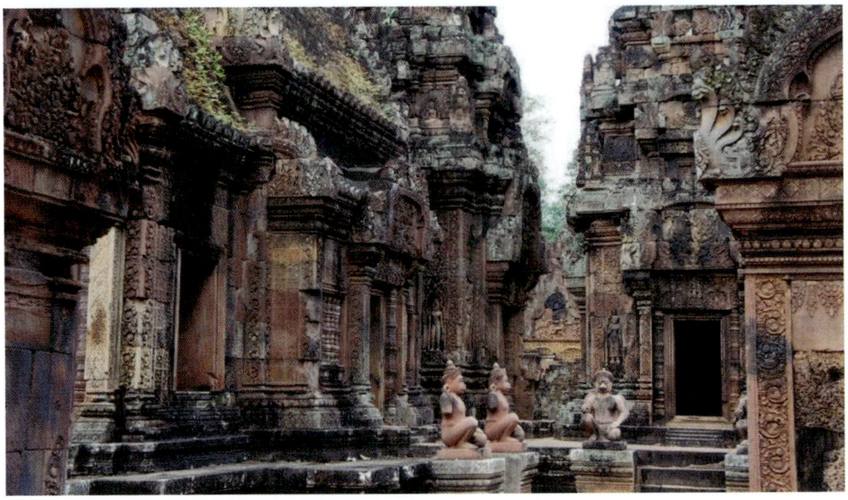

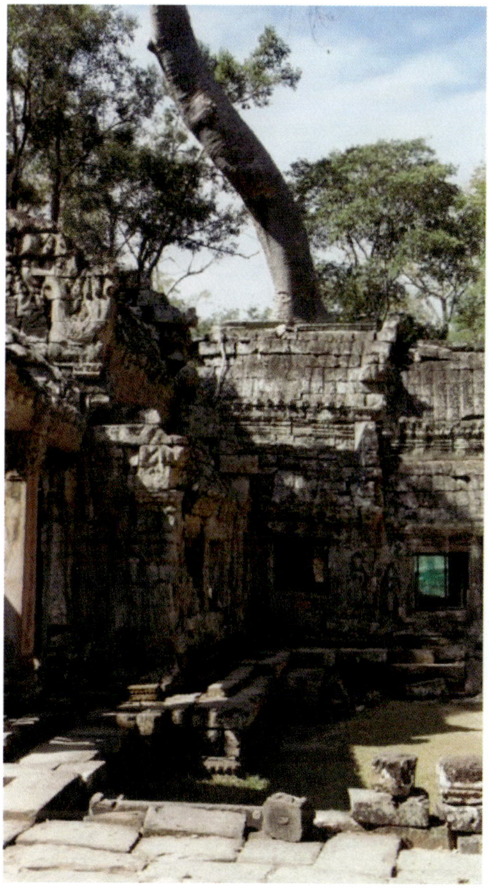
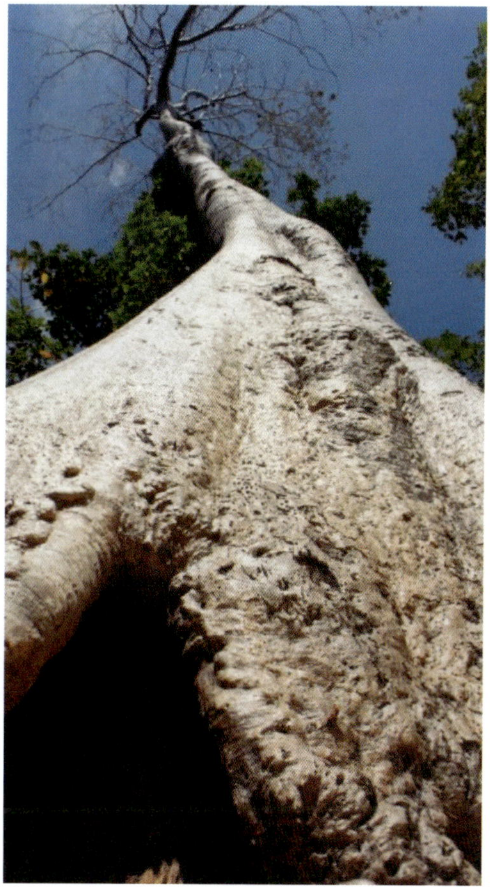

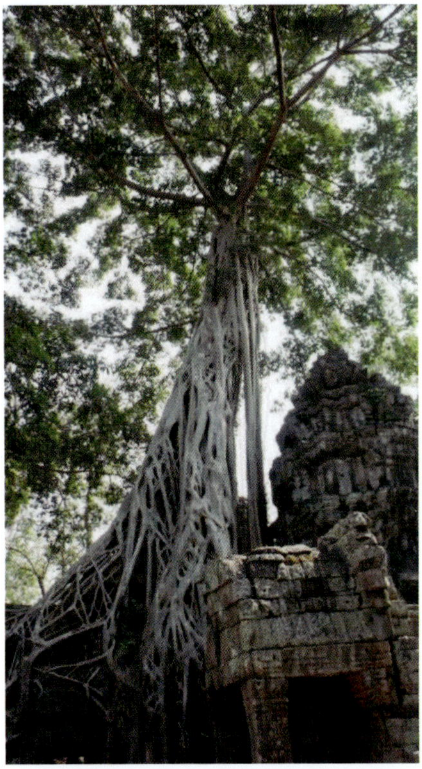

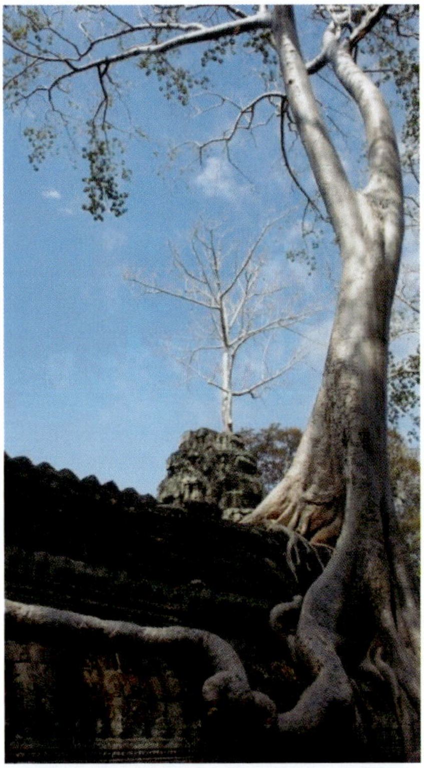

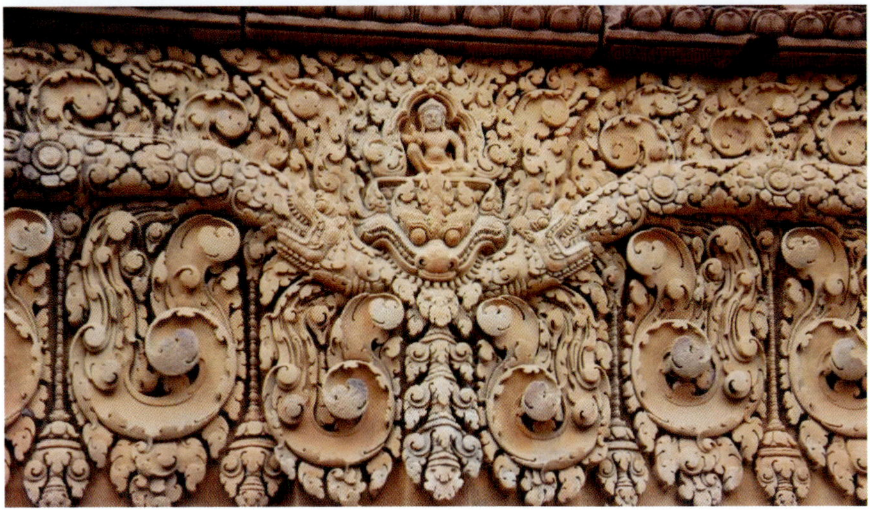

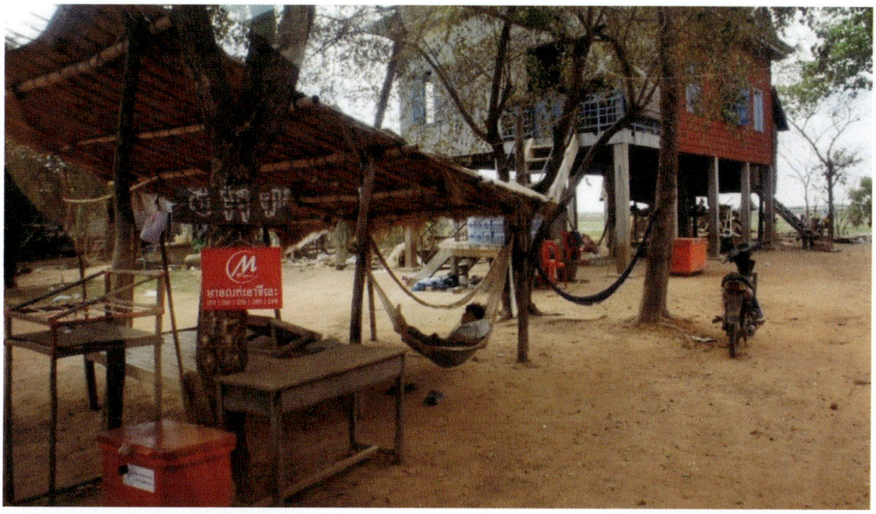

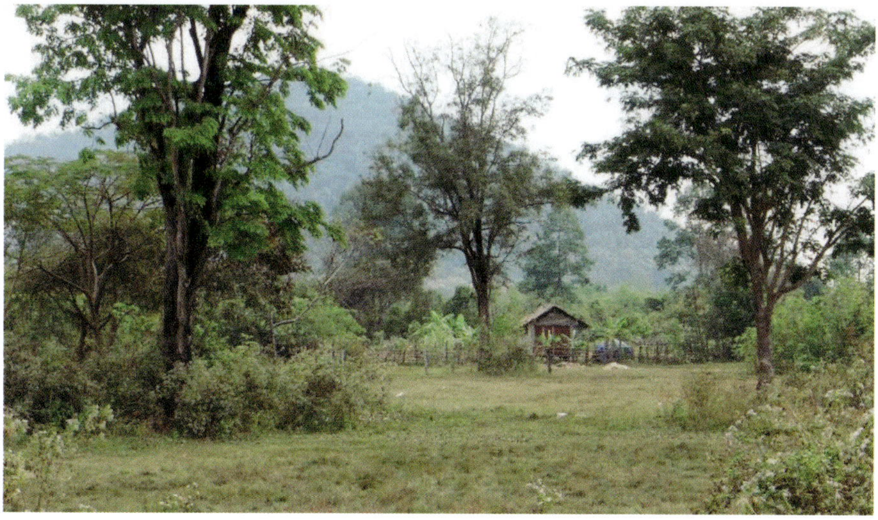

Palmensaft wird zu Sirup und Palmzucker eingekocht

An diesem Nachmittag hatten wir frei, und pünktlich am Hotel bekam ich zu Husten und Schnupfen auch Fieber und Schüttelfrost, und während Hajo mit Kira am Pool war, gesellte sich Mirko zu mir und hat sich mal eben wörtlich die Seele aus dem Körper ge.... und ge.....

Am nächsten Morgen war dann alles wieder so weit hergestellt, und wir konnten uns mit dem Boot bei einer Fahrt über den Tonle Sap Lake die Stelzenhäuser der Fischersleute ansehen. Wahnsinn, dass Menschen so wohnen. Selbst die Hausschweine werden in schwimmenden Ställen gehalten.

Ganze Dörfer auf Stelzen auf dem Tonle Sap Lake

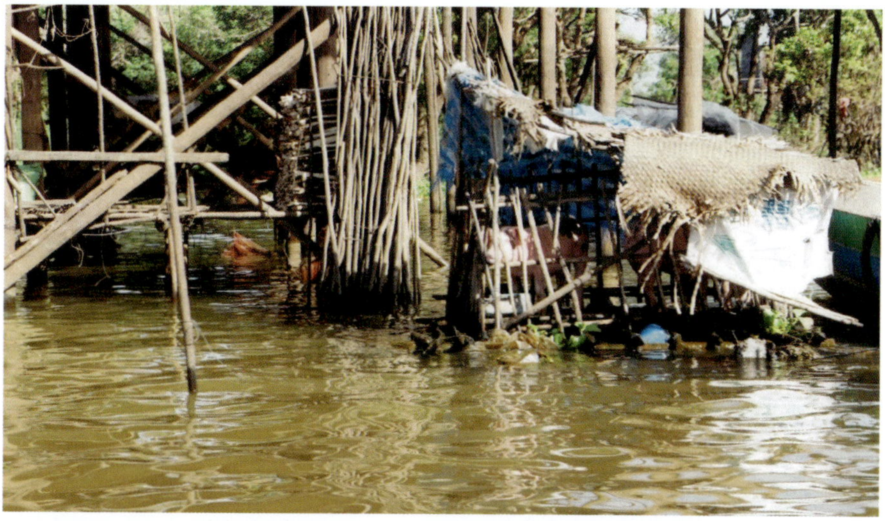

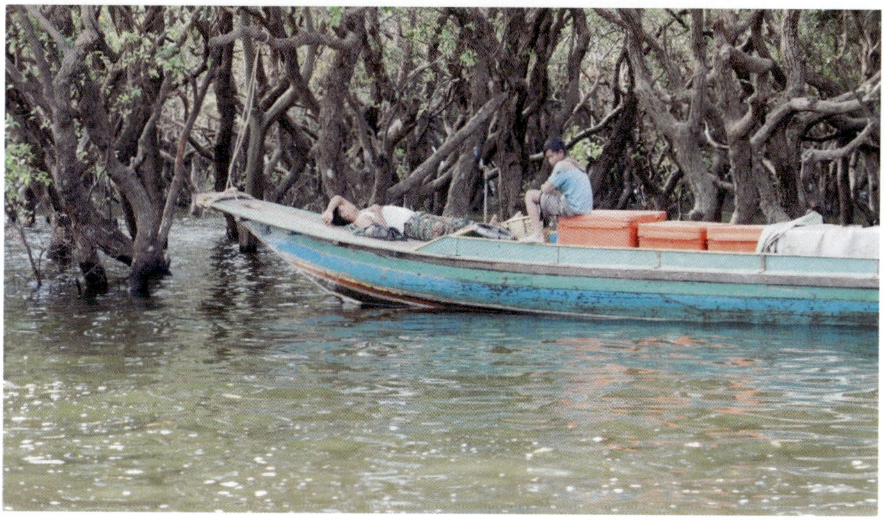

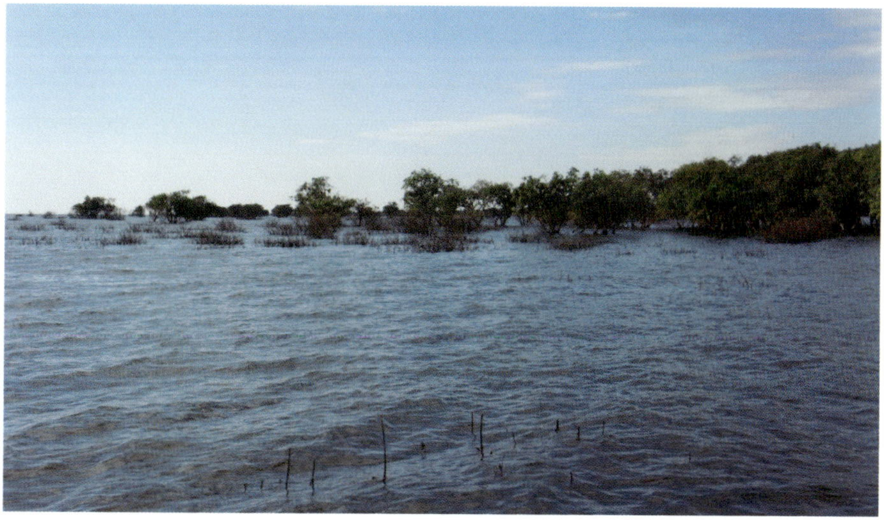

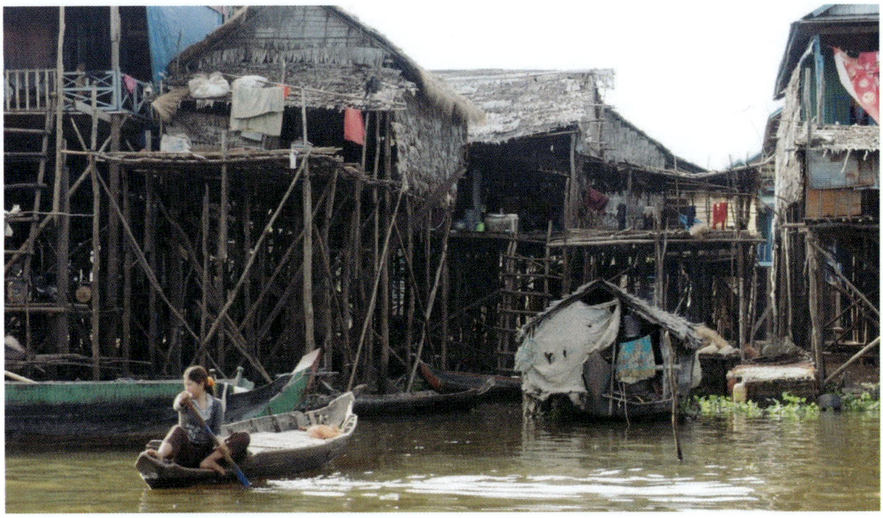

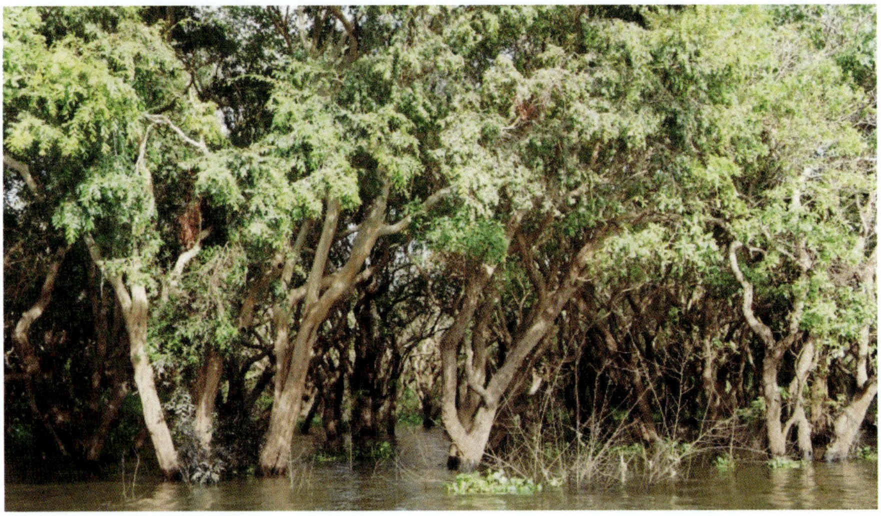

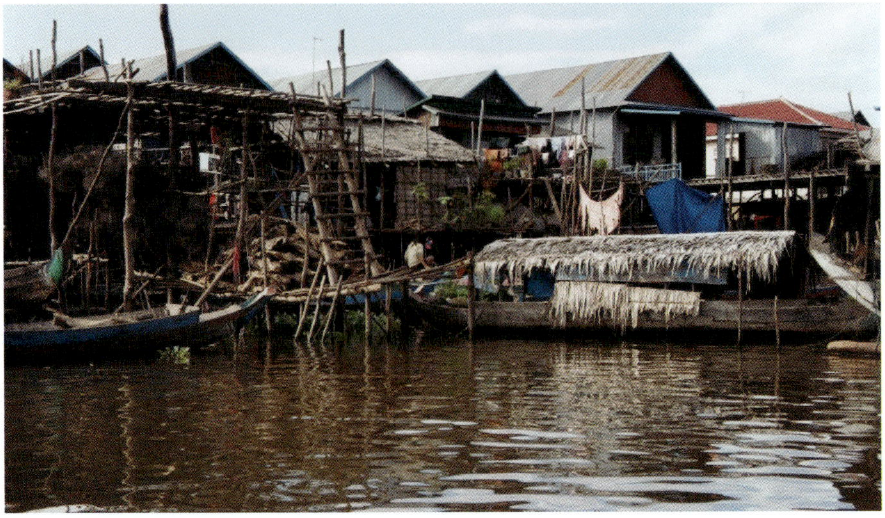

Am späten Nachmittag des 31.12.2011 ging es dann zum Flughafen und abends waren wir in Ho Chi Minh (Saigon), Vietnam.

Schon am Flughafen war unverkennbar, dass es ein kommunistisches Land ist, und ich persönlich muss sagen, dass ich Kambodscha als wesentlich freundlicher und die Einheimischen als viel offener erlebt habe.

Nach allem offiziellen Visa-Hantier und der üblichen Warterei, konnten wir einige Zeit später das Flughafengebäude verlassen und waren inmitten des größten Verkehrschaos, das ich je erlebt habe. Indien soll schlimmer sein, aber mir reicht das schon. In Kambodscha wird von der Regierung der Besitz eines Motorrades reguliert. D. h. eine Familie hat Anspruch auf 1 Motorrad und nur bei besonders hoher Kinderanzahl evtl. auf ein zweites. In Vietnam, habe ich den Eindruck, kommen 2 Motorräder auf jeden Vietnamesen. Schaut man einfach so auf die Straße, sieht es aus, wie in einem Ameisenhaufen, wobei Ameisen zum Glück weder hupen noch schreien!

Rush Hour in Saigon

Nachtleben in Saigon

Gegen 21.30 Uhr waren wir dann in unserem Hotelzimmer. Beim Öffnen der geschätzten 5fach Verglasung traf uns der Lärm wie eine Wand. Der Verkehr war zum Erliegen gekommen. Da wir genau mit Blick zum Saigon-River und somit zum Feuerwerk lagen, konnten Mitternacht und Silvester eigentlich kommen. Selber Knaller in die Luft schießen ist hier genau wie in Singapur verboten, also wollten wir nur noch was zu Trinken aufs Zimmer bestellen. Die Bar hatte schon geschlossen und man verwies uns auf die Minibar (4 Dosen Bier, 2 x Cola, 2 x Wasser!). Also erst mal auf die Straße. Der gute Deutsche sucht was Richtiges zum Anstoßen - aber vergebens.

Mirko war mittlerweile eingeschlafen und nicht mehr wach zu kriegen, und so haben Kira, Hajo und ich mit 2 Dosen Bier auf 3 Zahnputzgläser verteilt auf 2012 angestoßen.

Das Feuerwerk war aber wirklich beeindruckend, und als alles zu Ende war, löste sich selbst das Verkehrschaos wieder auf. Siehe da, morgens konnte man sogar den Asphalt der Straße wieder sehen.

Am Morgen ging es dann in das Kriegsmuseum. Wir haben uns extra vorher noch einmal genau die Details und Phasen des Vietnam-Krieges durchgelesen, und ich muss schon sagen, manche Dinge wusste ich so noch nicht.

Das Museum ist sehr interessant, wenn die Dinge natürlich auch aus vietnamesischer Sicht dargestellt werden. Zum Glück waren wir vorgewarnt und haben die Kinder nicht mit in alle Bereiche genommen, da gibt es Fotos und Ausstellungsstücke, die man selbst als Erwachsener nur schwer verdauen kann.

Am Nachmittag ging es dann zum Cu Chi Tunnelsystem des Vietcong. Das ist wirklich wahnsinnig beeindruckend. Die Tunnel von Cu Chi sind ein unterirdisches System, in dem sich vietnamesische Partisanen im Vietnamkrieg von 1960 bis 1975 versteckt hielten. In den 1960er-Jahren erweiterten vietnamesische Partisanen, die Vietcong, das Tunnelsystem in Ausdehnung und Tiefe massiv, bis es schließlich auf eine Gesamtlänge von 200 Kilometern verteilt auf drei Ebenen angewachsen war. Unter der Erde waren ganze Städte entstanden mit Schulen, Lazaretten, Büros und Schlafgelegenheiten. Die unterirdischen Gebäude waren durch Tunnel von ca. 80 cm Höhe und 60 cm Breite verbunden. Als Eingänge dienten mit Grasbewuchs und Laub getarnte Klapptüren. Die Eingänge waren zudem durch einfache, aber wirkungsvolle Fallen wie Bambusspieße gesichert.
Die Originaltunnel sind so klein, dass sich nur die Einheimischen darin bewegen können, Mirko passte noch so gerade ins Loch. Für die ausländischen Besucher hat man Teilabschnitte vergrößert und glaubt mir, selbst die sind noch so eng, dass das Wort Platzangst eine völlig neue Bedeutung bekommt.

Cu Chi Tunnel des Vietcong

Am nächsten Tag stand eine Sightseeing-Tour durch Ho Chi Minh auf dem Programm. Alle schönen Gebäude haben französischen Einschlag (Reunification Palace, Saigon Notre Dame Cathedral, Saigon Post Office). Der Rest ist eher kommunistisch.

Reunification Palace

Saigon Notre Dame Cathedral

Saigon Post Office

Chinatown Market

Chinesischer Tempel

Lotusblüte

Am Folgetag haben wir unsere Koffer gegen Rucksäcke getauscht, und dann ging es mit dem Auto zum Mekong Delta und von dort per Boot weiter nach Ben Tre, mitten in den Dschungel. Unsere Reisebegleiterin für den Ausflug in den Dschungel hieß „Finis", was ganz witzig ist, denn wenn hier etwas nicht mehr zu haben ist, dann hört man immer nur „oh, sorry, is finis!"

Finis war mit 21 Jahren über einen Kopf kleiner als Mirko, Kleidergröße 128, lange hypergerade schwarze Haare und die landestypische Reisschale auf dem Kopf. Ein putziges Miniatur Kung-Fu-Männchen, ganz lieb und vor allem freundlich, was uns in der Stadt wirklich gefehlt hat.

Finis, Kira und Mirko im Vietnamese Style

Mit ihr haben wir uns eine einheimische Ziegelsteinfabrik angesehen und auch die Herstellung der Strohmatten aus Reishalmen, der heimischen Kokosbonbons und Süßkartoffelfladen. Natürlich mussten/durften wir alles probieren. Hier im Dschungel waren Kira und Mirko besonders auf dem Markt die Hauptattraktion. Hätten wir für's Haarestreicheln und Fotografieren lassen Geld genommen, hätten wir die Flüge wieder raus gehabt.

Herstellen und Trocknen der Süßkartoffelfladen   *Weben der Strandmatten*

Kurze Mittagspause im Dschungel und von Finis sah man nur noch den Hut

Ein kleines Mittagessen und die Urwaldidylle genießen

Papaya-Anbau

Pomelo

Schälen einer Kokosnuss

Frucht der Wasserkokosnuss

Abends haben wir mit den Einheimischen zusammen gekocht, und nach dem Essen ging es dann auf die Holzpritschen unter die Moskitonetze, um in halb offenen Hütten im Dschungel zu schlafen. Hat aber ganz gut geklappt, war alles etwas hart und unbequem, aber die Geräusche waren halb so wild in der Wildnis!

Unser persönliches Dschungelcamp

Unsere Schlafstätte – Bett ohne Matratze

Die Dschungel-Küche

Dschungelidylle

Morgens wurde unter kaltem Wasser geduscht, und nach einem kleinen Frühstück ging es wie am Vortag noch einmal ein wenig per Fahrrad durch den Dschungel. Gegen Mittag mit dem Ruderboot zurück zum etwas größeren Boot und dann wieder in die Zivilisation, weiter nach Ho Chi Minh und von dort zu unserem letzten Zielort an die Küste Vietnams, Mui Ne.

Frische Frösche

Local Market

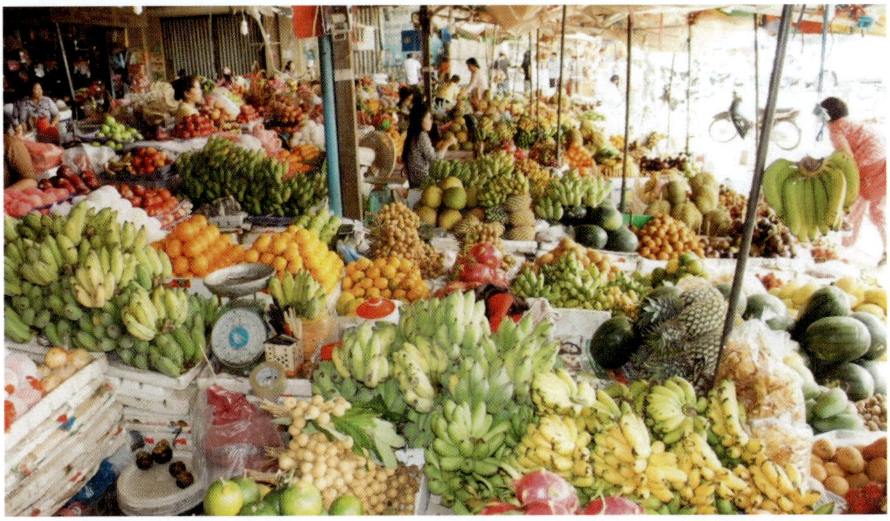

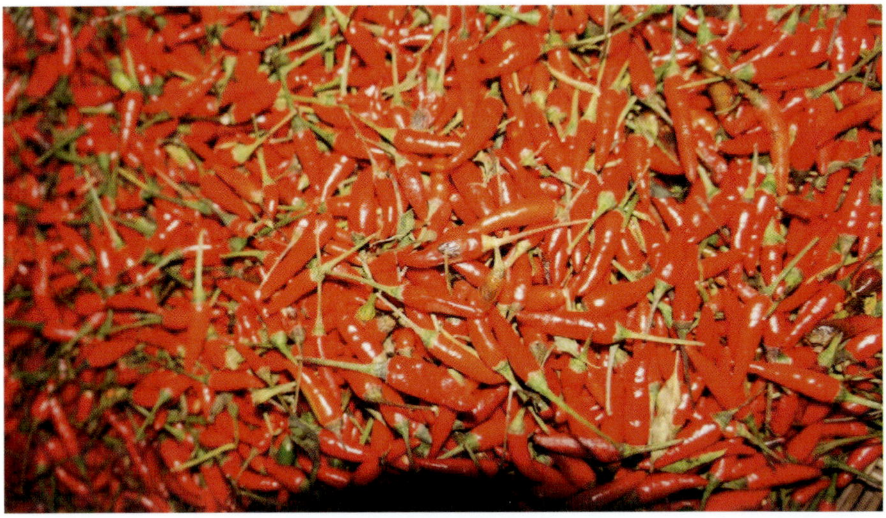

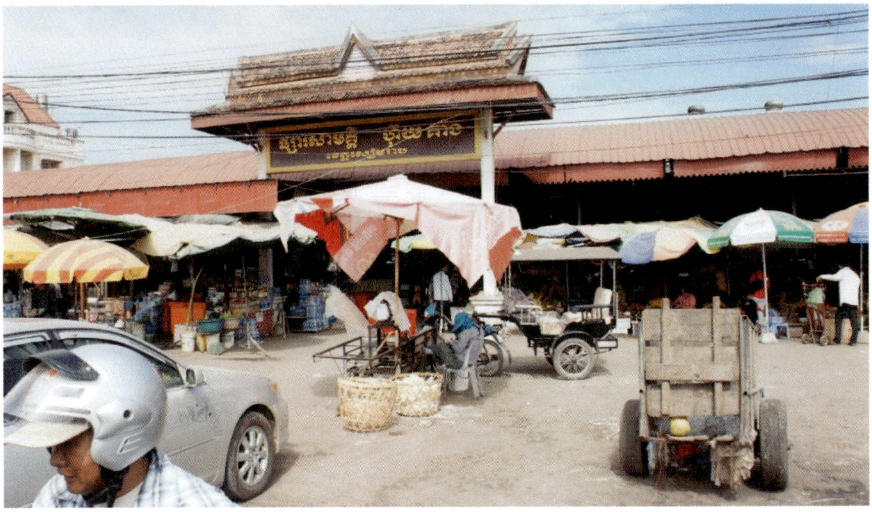

Obst

Reissorten

Auch wenn die Fahrt nach Mui Ne mal locker 5 Stunden dauert, das bei oft lausigen Straßen- und noch viel lausigeren Verkehrsverhältnissen, so dass es sich vielleicht nicht für 2 Tage, wie in unserem Fall lohnt, aber das Wetter war ein Traum, Sonne und Wind, der Strand ist sehr sauber und für alle Kiter und Windsurfer ist das dank der Wind- und Wellengarantie ohnehin das Paradies.

Unsere Apartmentanlage und Mui Ne bei Sonnenuntergang

Unsere Anlage war klein aber sehr schön, und so haben wir uns am Strand, ganz ohne Sightseeing so richtig schön erholen können.

"Aligator-Döner"

Abends wollten wir dann nur kurz etwas an der Küstenstraße entlang spazieren und schauen, wo wir etwas Leckeres zu Essen finden, als ich beim Überqueren der Straße von einem Motorradfahrer, der nicht nur zu schnell unterwegs, sondern wohl auch angetrunken war und von der falschen Seite kam, angefahren wurde.

Ich mache es knapp, denn ich arbeite ja nicht bei einer namhaften Boulevard-Zeitung: Alle in der Nähe befindlichen Schutzengelchen haben mir ganz spontan geholfen und haben mir sogar zufällig einen Krankenwagen vorbeigeschickt. Alle Verletzungen (Schnitt-, Schürfwunden und Prellungen) waren 1 mm vor schlimm und selbst meinen verlorenen zweiten Schuh haben wir am Tag darauf wieder gefunden.

Wir waren alle sehr erleichtert, als ich abends in meinem Bettchen lag und auch schlafen konnte. Das Laufen klappte allerdings irgendwie gar nicht mehr und dank des Schleudertraumas und der Steißbeinprellung habe ich dann den nächsten Tag gezwungenermaßen recht still auf der Sonnenliege im Schatten verbracht und zur Freude von Kira und Mirko endlich ihr Geburtstagsgeschenkbuch gelesen. Hajo hat zusammen mit Mitarbeitern des Resorts versucht, mit der Polizei einig zu werden, aber die wollten nicht.

Das Motorrad hatten sie sichergestellt und der Fahrer hatte sich nach dem Transport ins Krankenhaus aus dem Staub gemacht.

Abschließend kann ich nur sagen, dass ich einfach nur dankbar sein muss, in einem solchen Land nicht schwerer verletzt worden zu sein.

Am nächsten Tag (7. Januar) ging es dann schon früh morgens um 6 Uhr wieder auf den Weg nach Ho Chi Minh, wo mittags unser Flieger nach Singapur startete. Wir hatten uns zuerst gewundert, warum wir so früh aufbrechen mussten, aber es stimmt wirklich. Am Wochenende wollen die meisten Leute raus aus der Hauptstadt und wenn man zu lange wartet, dann bleibt für den Verkehr in die Stadt einfach keine freie Autospur mehr übrig. Wir haben es aber gut geschafft und nach dieser, wiederum chaotischen, Rückfahrt wäre ich im Flughafengebäude am liebsten wie der Papst auf den Boden gesunken und hätte ihn geküsst, also den Boden. Noch glücklicher war ich, als wir am Nachmittag in Singapur landeten und dort in einem richtigen Krankenhaus, mit englischsprachigen Ärzten und echten Röntgengeräten bestätigt wurde, dass nichts gebrochen ist. Alles andere kann heilen!

24 CHINESE NEW YEAR 2012 – DAS JAHR DES DRACHEN

Als schwer china-lastige Singapuris haben wir dieses Wochenende 2 zusätzliche Tage frei, da hier der Ausnahmezustand herrscht: Chinese New Year!

Wenn man es zum 2. Mal erlebt, dann sieht man das alles schon etwas gelassener, auch wenn einem der Kaufrausch der Asiaten in diesen Tagen und die vollgepfropften Regale oft den Weg versperren. Orangen wo das Auge hinsieht und alles so „schön" rot-gelb-glänzend. Dieses Jahr hat mir sogar eine Freundin die neuen Singapur-Dollar-Scheine für die Ang Pow mitgebracht, d h. das übliche, mehrere Stunden Anstehen fiel auch weg.

Dieses Jahr wird übrigens das Jahr des Drachen.

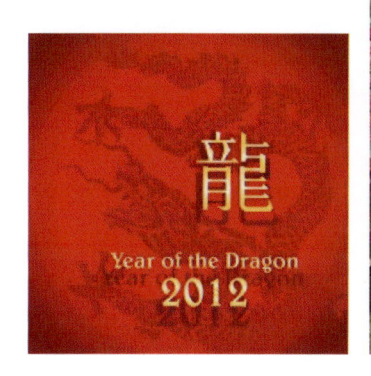

Wenn China Neujahr feiert, werden die zukünftigen Träume beschworen. Es soll Glück bringen, Fenstern und Türen zu öffnen, um das Glück während des Festes herein zu lassen und die Lichter in der Nacht brennen zu lassen, um dem Glück den Weg ins Haus zu leuchten und böse Geister abzuschrecken. Unglück vermeidet man, indem keine neuen Schuhe während der Neujahrstage gekauft werden, da das Wort Schuh (Xiézi) dem Wort für schlecht, böse und ungesund (Xié) sehr ähnlich ist, und die Haare während der Festlichkeiten zu schneiden bringt ebenfalls Unglück, da das Wort Haar (Fà) und das Wort Glück (Fā) dasselbe ist und man sich dieses wegschneiden würde.

Also wünsche ich Euch allen ein herzliches:

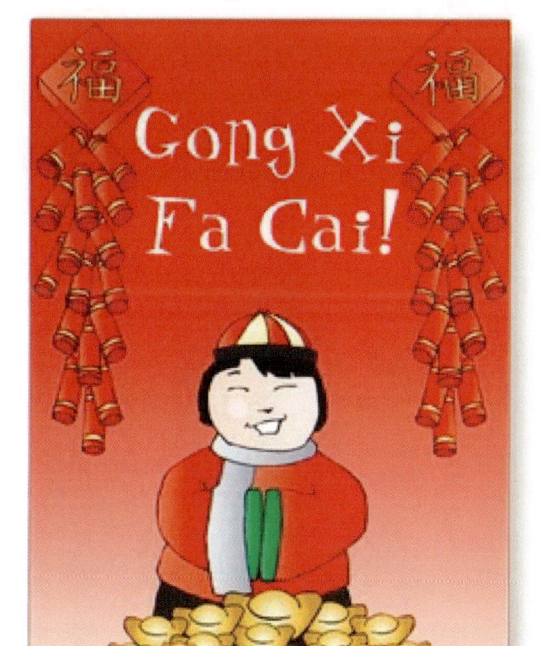

Gong Xi Fa Cai

25 DAS LAND DER ÖFFENTLICHEN VERKEHRSMITTEL

Kommt man nach Singapur, so stellt man schnell fest, dass es Unmengen Taxis gibt. Laut Internet sollen es mehr als 26.000 Taxis sein.

Diese gibt es je nach Gesellschaft in verschiedenen Farben und den verschiedensten Ausstattungen, von der schlimmsten Apfelsinenkiste mit kompletter Miniatur-Tempelanlage auf dem Armaturenbrett, bis hin zur absoluten Nobelkarosse. Immer wieder gerne gesehen sind auch Ansammlungen verschiedenster Duftkügelchen und Gels, riecht auch sehr spannend, gemischt mit den anderen Gerüchen des Fernen Ostens.

Eins aber haben fast alle Taxis gemeinsam, es gibt fixe Preise. Zu 99 % versuchen die Fahrer, den schnellsten Weg zu finden und den Fahrpreis fair zu halten. Zu 80 % haben die Taxifahrer beim Fahrantritt keine Ahnung, wo sie hinfahren sollen. Ach, und, fast vergessen, ca. 80 % aller Taxifahrer sind 0-1-Fahrer, Gas geben, rollen, Gas geben, rollen. Das kann schon mal gefährlich auf den Magen schlagen oder den Adrenalinpegel hoch pumpen.

Man nennt dem Fahrer das Wunschziel - Pause - erneutes Nachfragen - dann sagt der Fahrer bestimmt 10 x das Ziel nacheinander auf und wie auch immer, auf einmal weiß er wohin. Nur die Extremfälle aus dem Tal der Ahnungslosigkeit rufen Freunde oder Bekannte an, und nach wilden Telefonaten auf Chinesisch ist man am Ziel.

Taxis kann man überall am Straßenrand einfach durch Winken zum Anhalten bewegen oder aber, wenn man von Zuhause ein Taxi haben möchte, per Anruf oder SMS ganz praktisch in die Tiefgarage oder vor die Haustüre ordern. Geht innerhalb von wenigen Minuten und kostet nur einen kleinen Aufschlag.

Das Taxi ist recht günstig und somit ein sehr praktisches Transportmittel hier in Singapur. Kritisch wird es nur, wenn Schichtwechsel ist, denn dann fahren die meisten Taxis nur nach Hause und nehmen höchstens jemanden mit, dessen Ziel zufällig auf dem Weg liegt, oder wenn es hier anfängt zu regnen. Regen und es gibt kein freies Taxi mehr. Da muss man schon mehr als Glück haben, denn selbst die Taxileitungen sind beim Anwählen schon besetzt.

Ansonsten gilt, immer ein warmes Jäckchen oder einen Schal mitnehmen, denn in den meisten Taxis herrscht arktisches Klima, inkl. Eisverwehungen aus den Luftschächten. Und nie persönlich enttäuscht sein, wenn ein Taxi anhält, man die Tür öffnet, dem Fahrer freundlich sein Ziel nennt, dieser dann aber prompt laut schimpft, oder „No No" brüllt und direkt hektisch los fährt. Das hat den Grund, dass er einfach nicht da hin fahren will, wo man gerne hin möchte. Deshalb gilt für Fortgeschrittene: Hintere Türe öffnen, Fahrer ignorieren und erst einmal hinsetzen. Türe schließen und dann das Ziel nennen. Die Gefahr dann wieder raus zu fliegen ist geringer, aber leider nicht gleich Null.

Wie in allen öffentlichen Verkehrsmitteln und auf öffentlichen Plätzen ist Essen und Trinken strengstens verboten.

Neben Taxis ist auch das Bus- und MRT (Mass Rapid Transit)-Bahn-Netz sehr gut ausgebaut. Busse fahren sehr häufig und kosten ein kleines Geld. Will man mit dem Bus fahren, stellt man sich an die Bushaltestelle und gibt dem Bus, den man nehmen will, ein Handzeichen, denn sonst hält er nicht an, was eigentlich praktisch ist und vor allem Zeit spart.

Eingestiegen wird vorne und bezahlt mit der sogenannten EZ-Link-Karte, das ist eine Karte in Scheckkartengröße, auf die man Guthaben laden kann. Beim Einsteigen wird man durch das Halten der Karte vor ein Lesegerät registriert. Wie in Deutschland auch, drückt man das Signal, wenn man aussteigen möchte und hält beim Aussteigen, was normalerweise durch die hintere Tür geschieht, die Karte erneut an das Lesegerät und der fällige Fahrpreis wird angezeigt und abgebucht. Alles bargeldlos und sehr praktisch. Dieselbe Karte benutzt man für die MRT, kann sogar in manchen Taxis damit bezahlen.

Die EZ Link Karte

Was mir schon oft richtig positiv aufgefallen ist, ist dass die Busfahrer sehr gerne helfen, wenn man unsicher ist, welche Bushaltestelle wohl die richtige ist, und sie warten. Sie warten selbst auf Leute, die aus 100 m Entfernung oder von der anderen Straßenseite her angerannt kommen. Eigentlich seltsam. Ich habe gehört, dass sie von der Anzahl der Fahrgäste gehaltsmäßig profitieren. Ob es stimmt, weiß ich nicht, es würde aber dieses auffällig soziale und rücksichtsvolle Verhalten erklären. Ist mir aber eigentlich egal, es tut einfach gut!

Die Bushaltestelle vor unserem Condo

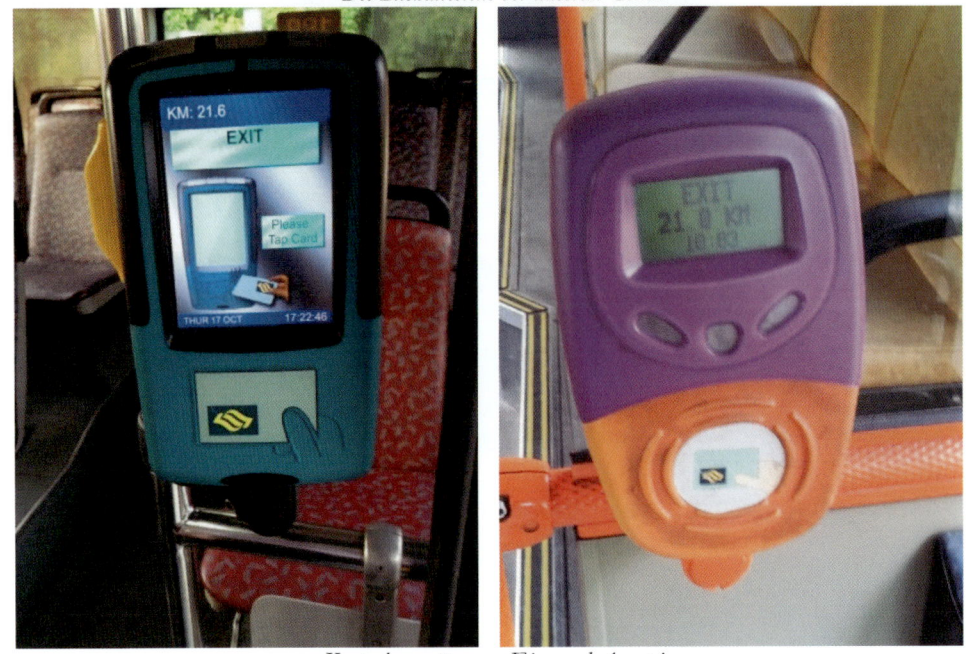

Kartenlesegeräte zum Ein- und Aussteigen

Die Mass Rapid Transit (MRT) oder auf deutsch: Metro-Bahn habe ich am Anfang immer etwas gemieden, doch mittlerweile nutze ich sie regelmäßig, denn das System ist nicht nur sehr schnell und zuverlässig, sondern auch sehr einfach zu verstehen.

In der MRT

Eingangsschranke MRT   *Ticket-Automat für Einzeltickets*

Blick auf die MRT Gleise (rechts und links)

Auch hier kann man wie in den Bussen mit der EZ-link-Karte bargeldlos bezahlen. Alle unterirdischen Bahnhöfe sind mit Bahnsteigtüren ausgerüstet, die sich nach Zugankunft öffnen, um eine durchgehende Klimatisierung der Stationen zu sichern. Gleichzeitig ist es quasi unmöglich, auf die Gleise zu fallen bzw. auf selbige gestoßen zu werden, weil ein direkter Zugang zur Bahn nicht möglich ist.

Und, welche Karte darf es heute sein?

26 ELECTRONIC ROAD PRICING (ERP)

Dieses System ist in den zentralen Geschäftsbezirken im Stadtkern zu finden und entlang des Expressways. Also, an Straßen mit starkem Verkehrsaufkommen, bei denen man dadurch erreichen will, dass sie in den Stoßzeiten weniger befahren werden. Neben den Sensoren für das Zahlsystem sind an den Anlagen Kameras befestigt, die auch die Nummernschilder registrieren. Zurzeit gibt es 80 ERP-Stationen in Singapur, die dem Staat pro Tag ein zusätzliches Einkommen von ca. 2 Mio S$ (1 SGD ≙ ca. 0,60 €) bescheren.

In jedem Fahrzeug befindet sich ein Gerät, das In-Vehicle-Unit (IU) genannt wird. In den Autos ist es im rechten unteren Bereich der Windschutzscheibe angebracht, im Sichtbereich des Fahrers. In dieses Gerät wird die CashCard gesteckt. Dies ist ebenfalls eine Plastikkarte in Kreditkartengröße, die mit Guthaben aufgeladen wird. Von diesem Guthaben werden beim Durchfahren der Straßen die an den Anzeigetafeln angeschlagenen Gebühren abgebucht. Die Kosten eines solchen IU-Gerätes liegen bei S$ 150 und es ist Pflicht, sein Fahrzeug damit auszustatten.

Die Höhe der Straßengebühr ist abhängig von Ort und Zeit. Sollte beim Durchfahren eines ERP nicht ausreichend Guthaben auf der Karte vorhanden sein, so bekommt man innerhalb von 2 Wochen einen Strafzettel zugestellt. Man muss dann die fällige ERP-Gebühr mit einer zusätzlichen Verwaltungsgebühr von 10 S$ bezahlen. Versäumt man die 2-wöchige Zahlungsfrist, erhält man per Einschreiben die Zahlungsaufforderung mit zusätzlichen 70 S$ Strafe. Sollte diese nicht innerhalb von 30 Tagen bezahlt werden, wird die Strafe auf 1.000 S$ oder 1 Monat Gefängnis angehoben.

Beim Parken gibt es mit diesem Gerät eine ähnliche Zahlmethode, die Electronic Parking

System (EPS) genannt wird. Auch hier wird der fällige Betrag direkt vom Kartenguthaben abgebucht. Eine Bezahlung nach Minutentakt ist so möglich und ein Bezahlen per Bezahlautomat und Bargeld ist überflüssig.

In-vehicle-Unit (IU)

Electronic Road Pricing (ERP)

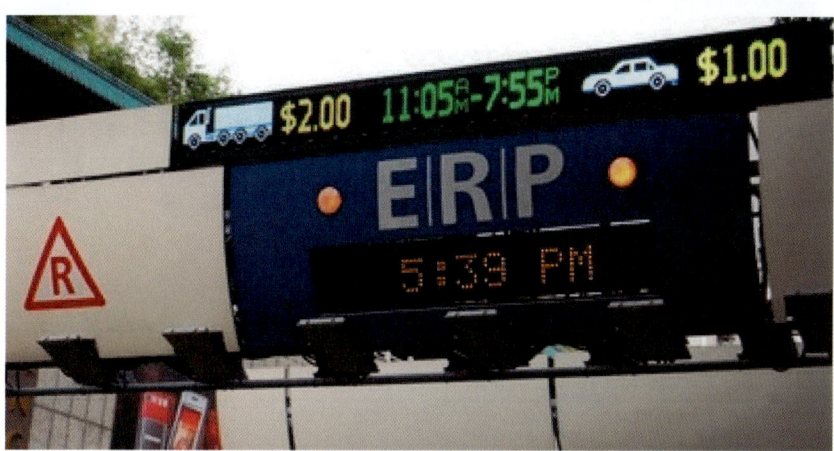

27 SINGAPORE – A FINE CITY

Was hatte ich nicht schon alles an Geschichten und Horrormärchen zum Bestrafungssystem in Singapur gehört. Hier kann man sogar T-Shirts etc. mit dem Aufdruck der Verbotsschilder kaufen „Singapore a fine city" (fine hat die Bedeutung schön, aber auch Geldstrafe).

Dieses ungute Gefühl hat auf jeden Fall dazu geführt, dass unsere geliebten Kaugummis allesamt in Deutschland geblieben sind, und als wir ein bereits angebrochenes Päckchen in einer mitgenommenen Jacke fanden, kamen wir uns vor wie Drogendealer, die so gerade noch mal davongekommen sind. Das ungute Gefühl blieb leider auch beim Kauen, also kein wirklicher Genuss.

Und es gibt sie wirklich, die Verbotsschilder, an jeder Ecke und auch teilweise mit an sich schon witzigen Aufdrucken. Ein Strafschild für den Transport einer Durian-Frucht, oder ein Schild, das besagt, man solle den Busfahrer nicht schlagen?! Auf der anderen Seite, warum nicht. So sieht jeder Mensch, was passiert, wenn man gegen bestimmte Dinge verstößt. Hat man Durian über längere Zeit riechen müssen und erfährt dann, dass der Geruch auch von den Händen nur ganz schlecht weg geht, dann weiß man dieses Verbot schon zu schätzen.

Aber auch wenn der Transport der geruchsintensiven Durian-Früchte in öffentlichen Verkehrsmitteln verboten ist, wird aufgrund der großen Beliebtheit dieser Frucht dann meist doch von einer Strafandrohung abgesehen. Diese Schilder dienen also oft eigentlich eher der Abschreckung.

Was gibt es sonst für Bestrafungen und Bußgelder? Ich habe nachgelesen und versucht, das Wichtigste einmal zusammenzufassen:

Essen und Trinken in öffentlichen Verkehrsmitteln sowie der Transport gefährlicher Güter werden mit Strafgeldern von 500 bis 5.000 SGD geahndet.

Wer seinen Müll achtlos auf öffentlichen Boden wirft (auch Zigarettenkippen), muss mit hohen Geldstrafen rechnen oder er wird sogar zu Sozialarbeiten, wie zum Beispiel die Säuberung öffentlicher Anlagen verpflichtet. Dabei muss derjenige eine neonfarbene, leuchtende Weste mit der Aufschrift „order for corrective work" tragen, die das gesetzeswidrige Verhalten des Betreffenden zur Schau stellen soll. Dies ist durch den dadurch bedingten Gesichtsverlust mit Abstand der schlimmere Teil der Strafe.

Von 1992 bis 2004 war der Verkauf von Kaugummi strikt verboten. Mittlerweile darf man unter Vorlage eines Arztrezeptes und seines Personalausweises in der Apotheke Zahnpflege- und Nikotinkaugummis erwerben. Ob diese „Freiheit" nun einer Studie zu verdanken ist, die herausfand, dass die Zähne der Singapurer ohne Kaugummigenuss schlechter seien, oder am wirtschaftlichen Druck der US Kaugummikonzerne, steht nicht fest.

Wer in der Nähe eines Fußgängerüberwegs verkehrswidrig die Straße überquert zahlt 50 SGD.

Rauchen ist in öffentlichen Gebäuden und Verkehrsmitteln, aber auch in Einkaufszentren, Kinos usw. verboten und wird mit hohen Strafen bis zu 1.000 SGD geahndet. Jugendliche unter 18 Jahren dürfen in der Öffentlichkeit überhaupt nicht rauchen. Zu beachten ist auch, dass Singapur das einzige Land der Welt ist, in welches Tabakwaren nicht „duty free" importiert werden dürfen – wer eine Stange Zigaretten einführt, muss mit hohen Strafen rechnen. Selbst wenn man eine angebrochene Schachtel mit sich trägt, darf diese maximal 17 Zigaretten enthalten.

Mit 500 SGD Strafe ist man dabei, wenn der Autotank bei Ausreise nach Malaysia weniger als ¾ voll ist. Damit will man verhindern, dass Autos nur mal eben hinter der Grenze vollgetankt werden, da der Benzinpreis dort weniger als die Hälfte beträgt.

Vandalismus in schweren Fällen und Graffiti können Geldstrafen sowie auch Prügel mit dem Rohrstock zur Folge haben.

Lügen wird bei Nachweisbarkeit mit hohen Strafen ähnlich wie Betrug geahndet (2.000 bis 10.000 SGD). Zusätzlich kann der Tatbestand auch Prügel mit dem Rohrstock zur Folge haben. Üblicherweise liegen die Strafen bei der so genannten „Lügerei" bei 3 – 8 Schlägen.

Bei sexuellem Missbrauch (Vergewaltigung) oder schwerer Körperverletzung kommt es ebenfalls zu züchtigenden Maßnahmen (Körperstrafen). Vollstreckt werden diese ausschließlich gegen Männer im Alter zwischen 16 und 50 Jahren. Diese werden mit bis zu 24 Hieben in einem Durchgang auf das entblößte Gesäß gezüchtigt. Bei diesem so genannten „Caning" wird der Delinquent über einen Prügelbock gespannt und erhält von einem speziell ausgebildeten Justizbeamten in einem festgelegten Verfahren mit einem langen Rohrstock schwere Schläge. Der Zweck ist das Erreichen von maximalem Schmerz bei kleinstem dauerhaften Schaden. Der dabei verwendete Rohrstock ist etwa 1,20 Meter lang und 13 Millimeter dick, jedoch extrem elastisch; die Ausbilder sind gehalten, mit dem Stock Geschwindigkeiten von mindestens 160 km/h zu erreichen.

„Unnatürliche" sexuelle Praktiken (und dazu zählt beispielsweise gleichgeschlechtlicher Verkehr) sind ebenfalls verboten und können hohe Strafen nach sich ziehen. Erst im Oktober 2007 wurde Oral- und Analverkehr für heterosexuelle Personen ab 16 Jahren legalisiert.

2003 hat das Censorship Review Committee empfohlen, das Verbot der Zeitschrift Cosmopolitan aufzuheben, der Playboy bleibt jedoch weiterhin verboten, da die singapurische Gesellschaft noch nicht für die freizügigen Fotos bereit sei.

In den letzten Jahren wurden einige der strengen Gesetze gelockert. Bungee-Jumping (!) wurde legalisiert und auch die Filmzensur wurde gelockert.

Wer Drogen (geringe Mengen Heroin, Morphium oder Kokain) mit sich führt, muss mit der Todesstrafe rechnen.

In Singapur werden deshalb im Verhältnis zur Einwohnerzahl die meisten Todesurteile vollstreckt. In einer von der singapurischen Regierung im Januar 2004 veröffentlichten Tabelle wurden zwischen 1990 und 2005 etwa 420 Menschen gehängt. Würde man diese Zahl auf Deutschland übertragen, so wären dort etwa 8.000 Menschen hingerichtet worden.

Und, wie lebt es sich nun in einem Land mit so vielen Verboten und Strafen? Gut – kann ich nur sagen.

Dass kontrolliert wird, ist offensichtlich. Dennoch sieht man die Polizei sehr selten. Die meisten Polizisten sollen eh in zivil unterwegs sein. Ob das so ist, keine Ahnung. Kameras sieht man oft und auch Treppenhäuser und Fahrstühle werden meist überwacht. Dieser Zustand reicht aber aus, dass hier eine Ordnung funktioniert, die ich so in Deutschland noch nicht erlebt habe.

Wenn man alleine durch Strafandrohungen Menschen dazu bekommt nicht mehr belanglos die Umwelt zu verschmutzen oder öffentliche Toiletten sauber zu halten, warum nicht?
Hier kann man auf jeden Fall sogar als Frau mitten in der Nacht auf der Straße herumlaufen, es gibt keine Jugendlichen, die einen blöd anpöbeln und selbst Kinder können sich in den öffentlichen Verkehrsmitteln sicher bewegen.
Am Anfang hatte ich immer ein sehr ungutes Gefühl, aber ich weiß jetzt schon, dass ich diese Sicherheit vermissen werde.

Natürlich heißt „low crime" nicht „no crime" und auch über manches Strafmaß und die Todesstrafe an sich kann man stundenlang diskutieren. Dennoch hat Singapur es geschafft, dass all das, was in den umliegenden Ländern nicht gelingt, funktioniert. Und die Beschreibung von William Gibson (US-amerikanischer Science Fiction Autor) „Disneyland mit Todesstrafe" oder „Das einzige Einkaufszentrum der Welt mit einem Sitz in den Vereinten Nationen" trifft es ganz gut und wer an der so sauberen Oberfläche kratzt, der kann mit einem sehr sicheren Gefühl ein oft sehr herzliches und traditionelles Singapur kennen lernen.

NO STANDING
ON STEPS

BERHATI-HATI
DI RUANG
PLATFORM
தளமேடை
இடைவெளியைக்
கவனத்தில்
கொள்ளுங்கள்
HARAP JANGAN
BERSANDAR
DI PINTU
தயவு செய்து
கதவுகளின் மீது
சாயாதீர்கள்

No Urinating
FINE $500

155

156

WARNING
Wheel-Clamp Area
WHEEL CLAMP
Unauthorised or illegally parked motorcycles will be Wheel-Clamped.
Release Fee : $200.00

No smoking
No eating or drinking
Fine $1000
Fine $500
No flammable goods
No durians
Fine $5000
CCTV IN OPERATION

Reserved Seating

NO LITTERING FINE $1000

NO RIDING FINE : $1000

BEWARE OF FALLING DURIANS

28 MAIDS

Ein Thema der ganz besonderen Art ist das Thema „Maid". Was sind Maids? Nun um ehrlich zu sein, hatte ich vor Singapur davon auch noch nie gehört.

Erst als unsere Schnupperwoche stattfinden sollte, wurden wir das erste Mal gefragt, ob wir denn eine Maid einstellen wollten. Dies war auch ganz wichtiger Bestandteil bei der Wohnungssuche vor Ort. Hier ist die Küche, dort der Bomb-Shelter (man muss wissen, dass alle jüngst gebauten Wohnungen in Singapur einen so genannten Bomb-Shelter haben. Mit Stahlwänden und Panzerschutztüre ist man so in Krisen sicher, da ist es auch egal, wenn man im 50. Stock wohnt: Türe zu und abwarten). Nun, wie der Name schon sagt, ist das ein Raum ohne Fenster und Klimatisierung, aber dennoch der Raum, in dem dann meistens die Maids hier in Singapur untergebracht werden, wenn sie nicht im Küchenbereich eine Matratze neben die Waschmaschine gelegt bekommen.

Maids sind Hausangestellte, die gibt es stundenweise, oder aber, was hier normal ist, als so genannte Live-in Maid. Das sind meist junge Frauen, die aus den umliegenden, ärmeren Ländern nach Singapur kommen, um hier Geld zu verdienen, damit sie ihre Familien in der Heimat finanziell unterstützen können.

Es gibt ca. 200.000 Maids in Singapur, wobei ich mir die Frage stelle, ob jemand, der nicht berufstätig ist und keine kleinen Kinder zu versorgen hat so viel häusliche

Unterstützung braucht.

Nun, das muss wohl jeder für sich entscheiden. Ich bin jedoch immer noch irritiert, wenn ich die kleine, zierliche, dunkelhäutige Maid mit ca. 500 kg Einkaufstüten und dahinter Madam Expat mit ihrem Smartphone „bepackt" flanieren sehe. Oder, auch immer wieder nett: Das asiatische Ehepaar vorne und in sicherer Entfernung die Maid mit Buggy, Taschen und schreienden Kindern.

Es gibt sie bestimmt, die Familien, in denen eine Maid bestimmte Rechte hat, als Mensch behandelt wird und am Familienleben teilhaben darf, es gibt aber immer noch erschreckende Zahlen von Maid-Missbrauch und jährlich ca. 4.000 Fälle von Maid-Flucht. Dass Frauen, die in der heutigen Zeit in einem der modernsten und reichsten Länder Asiens leben, teilweise gequält und misshandelt werden, verschlägt mir die Sprache.

Maids werden meistens über Agenturen vermittelt. Wer einen Eindruck davon gewinnen will, der braucht nur ins „Bukit Timah" oder „Far East Shopping Center" zu gehen und sich umzusehen.

Dort geht es zu wie auf einem Sklavenmarkt. Rechte haben die Maids nicht, aber Pflichten. Sie arbeiten teilweise von früh morgens bis spät in die Nacht. Wie oft habe ich ein und dieselbe Maid täglich das Auto ihres Arbeitgebers putzen sehen, teilweise mitten in der Nacht. Auch Webseiten mit Tipps für den Umgang mit Maids, die besagen, man möge die Maid doch nicht schlagen oder treten und aufpassen, wenn man sie zum Fensterputzen oder Wäscheaufhängen in der 50. Etage auf den Fenstervorsprung jagt, dass sie nicht herunterfällt, machen mich sprachlos.

Jetzt ist Singapur ganz stolz, dass Maids, die ihre Verträge ab dem 1.1.2013 abschließen, Anrecht auf einen freien Tag pro Woche haben. Bei einem monatlichen Einkommen von ca. 200 S$ (ca. 120 €) schon fast der pure Luxus. Wenn sie jetzt noch regelmäßig Essen erhalten und nicht von Abfällen leben müssen, dann ist doch alles geregelt.

Warum ein Staat, der „Racial Harmony" für seine Untertanen gesetzlich regelt, gleichzeitig erlaubt, dass Gehälter nach der ethnischen Zugehörigkeit ausländischer Arbeitskräfte gestaffelt werden, erscheint höchst seltsam. So bekommen Burmesen € 160 bis € 184 / Filipinos € 201 (vorgeschriebener Mindestlohn des Philippinischen Arbeitsministeriums für Auslandsarbeiter), Malayen € 160 bis € 184 / und Tamilen aus Sri Lanka € 126 bis € 143 für die gleiche Arbeit!

Mich persönlich schockierte ein Aushang in unserem Condominium sehr, in dem stand, dass man doch bitte darauf achten möchte, dass Maids die öffentlichen Einrichtungen (wie Pool, Sportraum, Jacuzzi etc.) nicht benutzen. Es wäre ihnen untersagt. Und so sieht man nun die Maids, komplett bekleidet, stundenlang neben dem Pool oder Spielplatz sitzen, während die lieben Kinder der Familie spielen. Oft genug sind dies dann auch noch dieselben kleinen Süßen, die die Maid behandeln wie den letzten Dreck.

Meine Hoffnung ist es nur, dass solche „besseren" Menschen irgendwann einmal wieder in ihr Heimatland zurückkehren müssen und dann hoffentlich am eignen Leib erfahren, was für Menschen sie sich da heran gezogen haben.

Ein Foto, welches in Singapur für große Aufregung sorgte

29 DAS GROSSE KRABBELN

Für meine erste Begegnung mit einem mir bis dahin im richtigen Leben völlig fremden Tier sorgte die Gottesanbeterin, die am ersten Tag oben auf dem Balkon auf mich wartete. Ich hatte solche Tiere zwar schon mal im Zoo gesehen, aber so von Angesicht zu Angesicht ist das doch etwas anderes. In sicherer Entfernung blieb ich erst einmal stehen und versuchte mich daran zu erinnern, was das Tier so kann. Fliegt es, krabbelt es? Nun, keine Ahnung, auf jeden Fall bauten sich diese klapprigen ca. 10 cm vor mir auf, hoben die Vorderbeine bedrohlich, fixierten mich und folgten meinen Bewegungen mit dem Kopf. Und ich entschied ganz spontan: 1:0 für dieses possierliche Tierchen.

Später habe ich dann noch eine Baby-Gottesanbeterin an Mirkos Fenster gesehen. Mit ca. 1 cm Größe weit weniger bedrohlich, aber fliegen können sie dann also anscheinend doch.

Was gibt es sonst noch hier? In den ersten Tagen hunderte seltsame Tausendfüßler in unserem Condominium, aber davor waren wir in der 5. Etage zum Glück sicher.

Ansonsten erschraken die Kinder und ich wahnsinnig, als wir durch die Anlage zu unserem Eingang spazierten und auf einmal ein lautes Brummen hörten. Modellflieger in den Tropen? Und dann mussten wir flott ausweichen, als ein ganz dicker, brummender, schwarzer Käfer unkontrolliert auf uns zu steuerte.

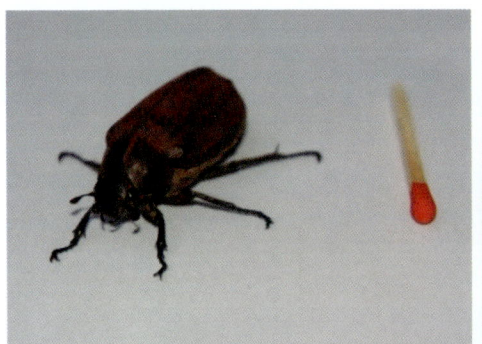

Auch die Insekten sind hier etwas größer

Manche Tiere werden hier halt schon größer. So gibt es generell recht große Käfer, befremdliche, hornissenähnliche Flugobjekte, riesig große Schnecken in Schneckenhäusern, aber auch sehr große Ameisen. Wobei die lästigen Ameisen nicht die großen sind, sondern die winzig kleinen.

Am Anfang fand ich sie total knuffig, weil sie wirklich ganz winzig sind und sich absolut unkontrolliert bewegen, fast wie kleine Autoscooter. Aber, sie kommen aus dem Nichts und sind dann überall. Liegt mitten in einem bis dato ameisenfreien Wohnzimmer in der 5. Etage ein Chipsstück auf dem Boden, so ist es am nächsten Morgen übersät mit Ameisen.

Kakerlaken gibt es auch jede Menge, doch die sind uns in der Wohnung bis jetzt erspart geblieben. Im Auto hatten wir schon 3 Stück. Es waren zwar kleine, aber witzig ist es nicht, wenn sich so ein Tierchen während der Fahrt aus dem Lüftungsschlitz pellt.

Unvergessen auch unsere eher nicht so coole, kakerlakenunfreundliche Tochter, die, als sie gerade ein sehr wichtiges Telefonat mit ihrer Freundin führte, ihren Bruder ansah und dann nur meinte: „Moment kurz: Mirko, beweg dich mal nicht, du hast da ´ne Kakerlake auf dem Rücken." Was danach im Auto los war, muss ich wohl nicht näher beschreiben, oder?

Aber, mit der Zeit härtet man irgendwie ab, und für den akuten Angriffsfall steht eine große Sprühflasche eines deutschen Chemiekonzerns im Küchenschrank. Egal wie groß oder dick der Panzer: 1 Sprüher und vorbei ist der Spuk. Das mag vielleicht nicht sonderlich tierlieb sein, aber unsere pädagogisch wertvolle Insektenfalle mit Griff aus Deutschland ist definitiv zu klein, und welches Viech klappt schon gern freiwillig die Beine ein, nur damit ich es besser fangen kann?!

Es gibt eine wahnsinnige Vielfalt der wunderschönsten Schmetterlinge mit einzigartigen Farben. Selbst die Libellen sind hier farbig, und es sieht einfach traumhaft schön aus, wenn sie auf den Spitzen der Pflanzenblätter sitzen und im Wind schaukeln.

Libellen sind hier recht klein aber in (fast) jeder Farbe vorhanden

Schlangen gibt es schon einige, auch ein paar recht giftige Exemplare, aber die sind uns zum Glück bis jetzt erspart geblieben. Gesehen haben wir 2 aus sicherer Entfernung, und die Kinder hatten auch schon mal eine Schlange in der Schule. Da aber immer darauf geachtet wird, dass der Rand von Gehwegen frei ist, ohne Büsche und Blätter, kann sich normalerweise nichts anschleichen.

Dafür sieht man Geckos und Lizards sehr oft. Lizards haben teilweise schon eine beachtliche Größe, aber sie tun einem ja nichts. Geckos gehören hier zum Leben dazu, wie in Deutschland die Fliegen (die gibt es hier übrigens nicht).

Leider ist unsere Wohnung neu, daher auch alle Türen und Fenster recht dicht, und wir haben die Terrassentüren selten offen stehen, deshalb haben wir auch kaum mal einen Gecko bei uns in der Wohnung. Dabei finde ich sie so schön. Es gibt dunklere, schmale und auch hellere, fleischigere, und abgesehen von kleinen Fußtapsern findet man höchstens ab und zu mal ihre Häufchen (sieht aus wie Mäusekot). Ansonsten sind sie einfach nur scheu und ich finde, schön anzusehen.

Für manchen werden sie hier allerdings lästig und daher gibt es, ähnlich wie bei

Kakerlaken, die verschiedensten Formen von Fallen: Spray, Köder, Boxen, etc. Ganz gemein sind so genannte Lizard-Stripes. Das sind beidseitige Klebestreifen mit einem ganz hartnäckigen Klebstoff, auf dem die Geckos bei Betreten kleben bleiben. Ich musste Tränen lachen, als mir meine Freundin Branka (ursprünglich aus Hannover) hier von ihren Gecko-Erfahrungen erzählte. Sie mag die Geckos gar nicht, weil sie einfach überall sind und sie sich halt fürchterlich erschreckt, wenn sie etwas hochhebt und ein Gecko huscht weg.

Nun, auf jeden Fall hatte sie, völlig entnervt, auch diese Klebestreifen-Gecko-Fallen ausgelegt, ohne sich aber weiter Gedanken darüber zu machen, was denn wohl passiert, wenn die Geckos diese Streifen betreten. Am nächsten Morgen hatten sich zwei Baby-Geckos festgelaufen. Und da wurde Branka plötzlich klar: Die leben ja noch! Das wollte sie nicht, und völlig aufgelöst lief sie zu ihrem Mann, der dann ganz vorsichtig versuchte, die kleinen Tapserfüßchen vom Kleber zu lösen. Das hat leider nicht geklappt, und seitdem sieht sich Branka gezwungenermaßen als Gast im Gecko-Land. Lieber eine erzwungene WG, als die armen Tierchen so kläglich verenden zu lassen.

Meine Freundin Natalie (ein ähscht kölsches Mädche) macht es da schon raffinierter (entschuldige, liebe Natalie), sie baut Fallen ganz anderer Art.

Nein, im Ernst, es war nie Absicht, und Natalie war jedes Mal zutiefst betroffen, aber bei ihr finden die Geckos manchmal den seltsamsten Tod.

Der erste Gecko fand ihn im Toaster. Ob er nun zu spät dran war, oder Natalie einfach zu früh frühstücken wollte, ist nicht überliefert, aber auf jeden Fall riecht getoasteter Gecko recht streng.

Der zweite Gecko fand einen nassen Tod. Er plumpste in eine Pfanne, die im Spülbecken stand, um über Nacht einzuweichen. Seitdem weiß Natalie, dass auch Gecko-Wasserleichen gut in einem Tatort mitspielen könnten, und quält sich mit dem schlechten Gewissen, eine zweifache Gecko-Mörderin zu sein.

Da habe ich ohne Geckos ja fast schon Glück. Meinem Mann zufolge ist es kein Wunder, dass wir keine Geckos haben, schließlich müssten sie sich ja mit Schal und Wollmütze bewaffnen oder ansonsten in unserer Wohnung jämmerlich erfrieren. Ja, ich gestehe, ich brauche meine Klimaanlagen, aber 25 Grad sind doch auch nicht zu kühl, oder? Dann lieber keine Geckos!

164

Affen (Makaken) gibt es hier in Singapur jede Menge. Besonders gerne halten sie sich auf beiden Schulgeländen der Kinder auf, denn da wo Kinder sind, bleibt immer mal wieder etwas zu Essen liegen. Die Kinder gehen ganz selbstverständlich mit den Affen um, denn wenn man sich an die Warnungen hält, wie Augenkontakt meiden, nicht füttern und nicht ärgern, dann ist meistens ein friedliches Miteinander möglich. Dennoch ist immer Vorsicht geboten, denn sie können schnell aggressiv werden und es wurden auch schon Kinder angefallen und schwer verletzt.

Makaken beim Lausen

Vögel gibt es ebenfalls jede Menge hier in den Tropen. Meist hört man mit dem europäischen Ohr irgend so ein tropisches Schreien und dann weiß man: Ich bin nicht in Deutschland. Es gab aber auch schon ein paar Morgen, da hörte ich beim Sonnenaufgang ein „deutsches" Gezwitscher, zog mir die Bettdecke noch mal über die Nase und träumte vom Frühlingsanfang. Schon zweimal habe ich hier sogar das Gurren von Tauben gehört. Zuerst dachte ich. „Ups, nu hab ich schon Halluzinationen", aber es war wirklich da. Und mag man in Deutschland im Sommer morgens die Tauben auch verfluchen, die einem mit ihrem Gurren den letzten Schlaf rauben, hier freut man sich auf einmal selbst über so etwas.

Spatzen gib es hier auch, aber eher selten. Der am häufigsten vorkommende Vogel ist der Myna. Er sieht aus wie ein aggressives Sportmodel unserer Amsel und ist überall. Steht man draußen vom Essen auf, so dauert es nicht lange und, egal wie viele Menschen drum herum sitzen, sie versuchen einem das Essen vom Teller zu mopsen. Ganz besonders beliebt macht sich der Myna aber auch dadurch, dass er gerne tiefrote Beeren frisst, sich dann auf die Holzbalken über unserer Terrasse setzt und alles mit Graffiti-Kacke versaut. Petra liebt deren Eigenart, im Flug die Beerenkacke so richtig nett gegen die weiße Hauswand und Fenster zu schleudern. Wäre es nicht so ärgerlich, hätten manche Flecken eine Auszeichnung des Luftfahrtbundesamtes und zumindest eine Medaille verdient. Das muss man erst einmal hinbekommen, ohne selber an der Fensterscheibe zu kleben. Respekt!

Javan Myna

Wir haben jetzt das große Glück, dass ein Olive-Backed Sunbird auf unserer Terrasse nistet. Ein sehr schönes Vögelchen, etwas größer als ein Kolibri, aber genau so quirlig. Er hat sein Nest in die Hängekette eines Leuchters gebaut. Leider zu hoch um reinzuäugeln, aber da immer hektisch hin und her geflogen wird, scheint alles in bester Ordnung zu sein.

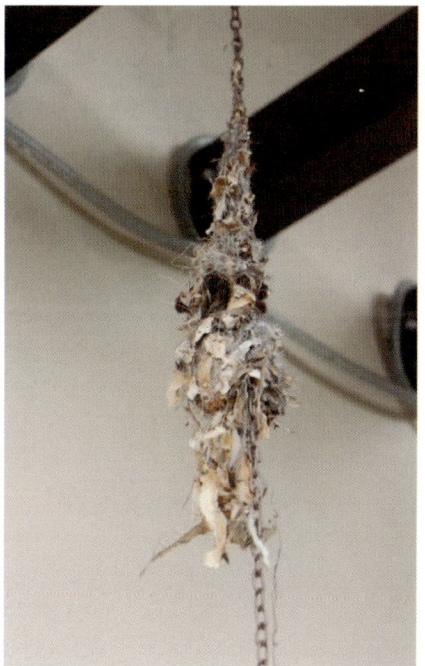

Olive-backed sunbird und sein Nest

Fische und Wasserschildkröten gibt es hier an jeder Ecke. In den Wasserbecken unseres Condominiums schwimmt all das, was man in Deutschland für teures Geld im Zoohandel kaufen kann.

Zuerst hatte Mirko sich unten einfach eine Ladung Fische für sein Aquarium gefangen. Beim ersten Wasserwechsel im Aquarium musste ich dann feststellen, dass man das Leitungswasser in Singapur wohl nur deshalb bedenkenlos trinken kann, weil der Chlorgehalt recht hoch ist. Nun zumindest so hoch, dass die Fische im frischen Wasser nur kurz kräftig „einatmen" konnten um dann leblos Rückenschwimmen zu betreiben. Mein Sohn weinte bitterlich, und mich plagten das schlechte Gewissen und der mehrfache Fischmord.

Ich habe dann erst einmal Wasseraufbereitungsmittel gekauft, und dann konnten neue Fische gefangen werden. Später kamen noch ein paar Kaulquappen dazu, doch als der letzte Frosch trotz Abdeckung auf einmal verschwunden war, erstand Mirko im Zoohandel zwei kleine Wasserschildkröten (für 2,50 SGD das Stück). Die beiden (Tom & Jerry) sind schon gewachsen und fühlen sich pudelwohl (ob das in diesem Fall nun schildkrötenwohl heißen muss?!).

Kira und Mirko im Singapore Zoo

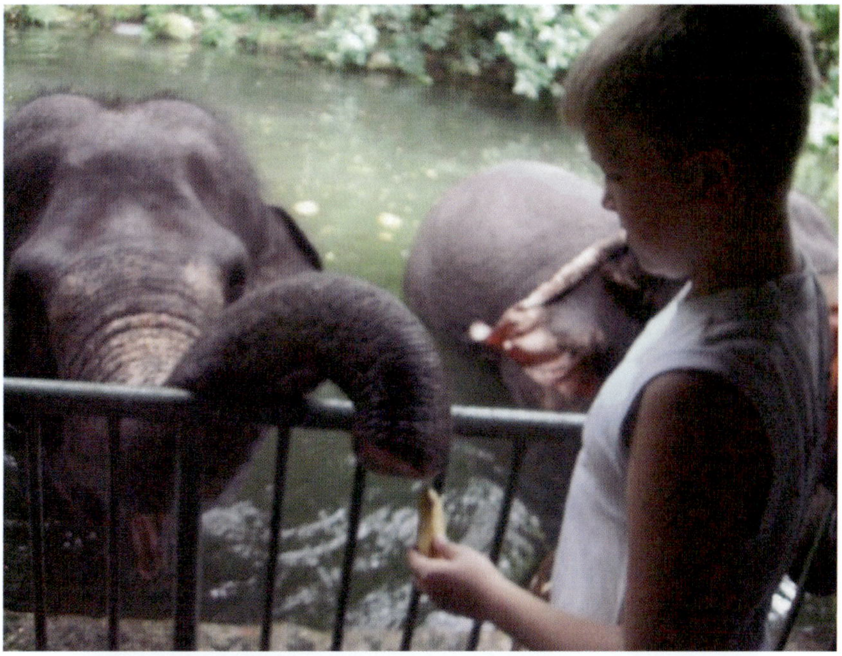

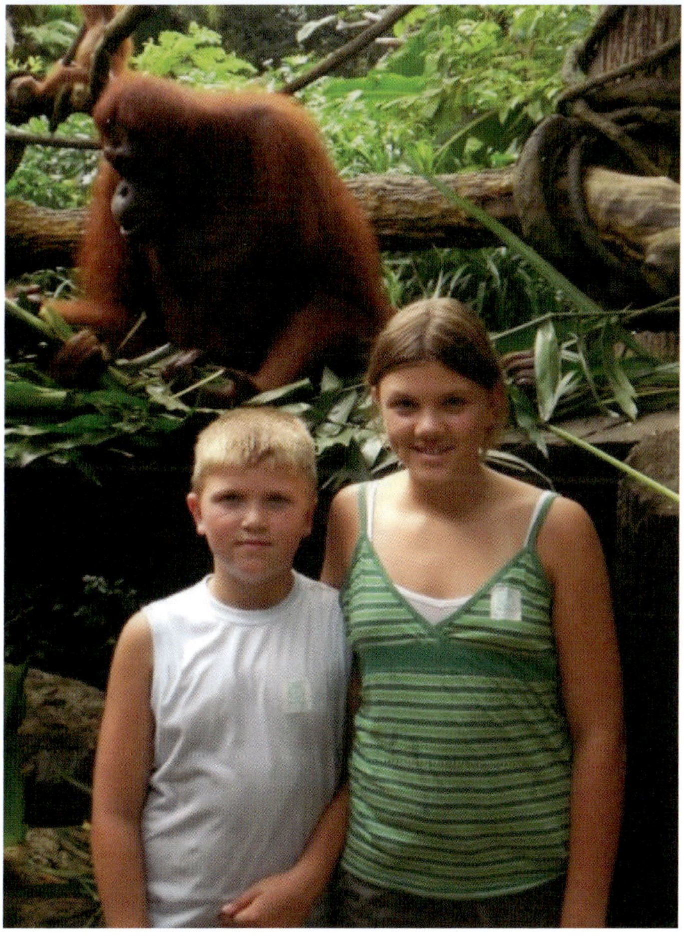

Die Tierwelt hat hier also Einiges zu bieten, was bei der Pflanzenwelt und bei dem Klima auch nicht verwunderlich ist.

Ekelig wird es etwas beim Ungeziefer, wobei das in Singapur ja alles recht gemäßigt ist.

Bei uns im Condominium wird 2 x pro Woche gefoggt (davon hatte ich ja schon berichtet). Daher gibt es eigentlich so gut wie keine Mücken, was natürlich nicht nur beruhigend ist, weil man nicht gestochen wird, sondern auch weil die Krankheiten, die übertragen werden können, hier in Singapur kaum eine Gefahr darstellen.

Beim Foggen wird mit tragbaren „Nebelkanonen", die aussehen wie ein Laubsauger, das Bekämpfungsmittel in allen Ecken verteilt, vor allem da, wo sich Wasser ansammeln könnte, oder wo sich Wasser befindet. Beim Verteilen kennt man hier nichts. Da kann es durchaus passieren, dass man nett irgendwo beim Essen im Restaurant sitzt und der Nachbar foggt mal eben sein Anwesen.

Weiß ich, dass ich Einkaufen muss, und höre morgens die Motoren der Kanonen, dann muss ich mich sputen, denn eine Minute zu spät und „der Nebel des Grauens" macht die ganze Tiefgarage zu einer einzigen Zuckerwatte. Und selbst wenn man versucht, irgendwie den Weg bis zum Auto und dann aus der Tiefgarage zu finden, riecht es so wahnsinnig gesund, dass man ein sehr beruhigtes Gefühl hat und mal so richtig tief auf Lunge einatmen möchte. Soll aber alles nicht schädlich sein. Mich wundert nur, dass man anschließend immer viele tote Libellen, Schmetterlinge und Käfer findet. Mit dem Foggen hat das sicherlich nichts zu tun, solche Spezies bevorzugen generell den Fog-Tag für ihren Freitod, wetten?

Foggen in unserem Condominium

Eine ganze Zeit lang hatten wir ab und zu Termiten im Wohnzimmer. Nach ein paar Viechern habe ich erst mal im Internet gesucht und tatsächlich ein Termiten-Fahndungsbild gefunden, das den Unterschied zur Ameise zeigt. Da man bekanntlich mit Englisch hier oft nicht weiter kommt und man(n) mir die Menge der Viecher eh nicht geglaubt hätte, habe ich alle Exemplare, die ich fand, schockgefrostet und in einem Plastikdöschen im Eisschrank aufbewahrt. Der Mitarbeiter der Pestcontrol-Firma war sichtlich irritiert über meine

Aufbewahrungsmethode, aber er konnte dank der Beweise feststellen, dass es sich nur um Flugtermiten handelt, die ab und zu ausschwärmen, sich aber noch nirgendwo niedergelassen hatten. Glück gehabt.

Das nächste eklige Highlight hatte ich, als wir nach 5 Wochen von unserem Deutschlandurlaub wiederkamen und 2 von unseren Balkonpflanzen eingegangen waren. Komisch, die anderen waren in Ordnung. Vielleicht zu wenig Blumenerde in den Töpfen? Also auf zum Pflanzenmarkt, neue Übertöpfe und neue Blumenerde kaufen. Als ich dann die Pflanzen aus den Töpfen zog, plumpsten etliche dicke, weiß-durchsichtige, ca. 5 cm große Maden auf den Boden. Bäh, da hat es mich echt geschüttelt. Ich habe sie mit der Schaufel in eine Schüssel befördert. Am Ende waren es 13 Stück! Was nun? Ein klares Zeichen dafür, dass ich schon etwas länger im asiatischen Raum lebe, war der Gedanke, dass so ein Viech für manchen Asiaten bestimmt ein echtes Festessen wäre. Aber was war das nun für ein Tier? Erst mal wieder schnell im Internet nachgesehen: Engerlinge (daraus werden Käfer), gut, aber das machte die Kerlchen auch nicht sympathischer. Was macht man nun dagegen, dass sie sich im Boden breit machen? Ich hab ein Tierchen in die berühmte Plastikdose getan, nein, die kommen nicht in meinen Gefrierschrank! Den Rest habe ich vom Balkon unten ins Koi-Karpfenbecken geschüttet, ein Festessen für die Fische.

Mein Weg führte mich anschließend direkt zum Blumenhof, wo ich meinen Feind vorzeigte, aber der kleine malayische Mitarbeiter mit Strohhut meinte nur: „Animal". Soweit so gut, aber was für eines? „Animal". Sind die nur im Boden oder sonst noch wo? „Animal". Was kann ich dagegen tun? „Animal?" Ja! „Here, use - then no animal".

Das Mittel ist in einer kleinen braunen Glasflasche, hat ein rotes Etikett mit einem dicken Totenkopf drauf und schon beim Öffnen der Flasche zieht es einem die Schuhe aus, aber: Seitdem geht es den Pflanzen gut.

Engerlinge im Blumentopf und Käfer in den Küchengewürzen

Das vorerst letzte Ungeziefer-Highlight hatte ich dann kurze Zeit später.

Vor längerem hatte ich mal so winzig kleine braune Käferchen in der Küche. Wenige, aber immer mal wieder. Immer in der Küche. Und so habe ich mich denn mal aufgemacht, um nach der Ursache zu fahnden. Es dauerte auch gar nicht lange, da fand ich sie. Die Viecherchen schienen sich auf Rosenpaprika und Safran spezialisiert zu haben. Auf jeden Fall hatten sie sich dort häuslich niedergelassen und schon Familien gegründet. Es half nichts, was befallen war, wurde entsorgt und meine restlichen Gewürze habe ich alle umgefüllt in noch sicherere Behälter. Schön und gut, aber auf einmal ging es wieder los. Ab und an ein kleines braunes Käferchen. Ich habe dann mal im Freundeskreis herumgefragt, aber meiner Phantombildbeschreibungen nach kannte die niemand. Also, was mache ich? Richtig, ich habe die nächsten Exemplare einfach mal wieder schockgefrostet und beim nächsten Treffen mit Freundinnen gezeigt. Petra kannte sie, und da sie diese Viecher auch schon einmal hatte, meinte sie, dass die meistens in Gewürzen, Tee, Mehl etc. vorkommen. Also wieder alle Schränke ausgeräumt und Behälter für Behälter durchgesehen. Und tatsächlich, wie auch immer diese Tiere in fest verschlossene Behälter kommen, sie waren wieder da und hatten dieses Mal bereits einen ganzen Wohnblock im Kardamom errichtet und ein Ferienlager im Steakgewürz. Super ekelig und ich war heilfroh, als ich alles Leben entsorgt, alles dezinfiziert und gereinigt hatte.

Seitdem hat sich mein Gewürz- und Teevorrat auf ein Minimum reduziert. Gut, Vorräte sind eh nicht günstig in den Tropen und nachdem ähnliche Viecher auch schon mal in den trockenen Nudeln waren, und bei Petra sogar Maden aus trockenen Tortellini kamen, geht man lieber selbst solche Zutaten frisch einkaufen.

Und dann hatten wir noch eine ganz besondere Begegnung mit einem Tier hier in Singapur und zwar mit einem Vogel, einem hier nicht ansässigen Liebesvogel (Unzertrennlicher) namens: Mogli.

Wie es dazu kam? Nun, an einem Nachmittag, es war mal wieder drückend heiß und die Kinder noch in der Schule, habe ich meine Sachen geschnappt und habe mich auf den Weg zum Pool gemacht. Dort angekommen, war ich, da es leicht bewölkt war, der einzige Badegast weit und breit. Ich legte mich erst einmal entspannt auf die Liege und wollte ein wenig die Augen schließen, als ich hektische Stimmen hörte. Unser Lieblingsguard diskutierte lautstark irgendetwas mit anderen Männern, von dem ich aber nicht viel verstand, nur irgendetwas mit „babybird" und „cannot fly". Mein „Fehler" war es dann wohl, dass ich die Augen öffnete und neugierig wissen wollte, was denn da los war. Schon kam der Guard ganz hektisch mit einem verschlossenen Kopierpapierkarton auf mich zu, in den man Löcher geschnitten hatte. Das müsse er mir zeigen. Sie hätten einen kleinen Baby-Vogel gefunden, der noch nicht richtig fliegen könne und sie wollten ihn nicht auf dem Boden sitzen lassen. Nun, als er den Deckel hoch hob, blickte mich neugierig ein bunter, aufgeweckter, voll gefiederter kleiner Papagei, ein Liebesvogel, an. Deckel wieder drauf und als der Guard wissen wollte, ob ich ihn an mich nehmen wolle, da er nicht wisse wohin damit, habe ich ganz schnell den Karton genommen und meine Schwimmsachen zusammen gepackt. Mal ehrlich, konnte ich sicher sein, dass die das Tierchen am Leben lassen bzw. nicht essen? Vielleicht sind ja gerade Papageien irgendwo im fernen China auch eine Spezialität?

Ich lief wieder in unsere Wohnung und hob vorsichtig erneut den Deckel. Das kleine Kerlchen krabbelte neugierig auf meine Hand und setzte sich dann zutraulich auf meine Schulter. Von diesem Moment an war ich adoptiert und diese Stelle sein Lieblingsplatz. Er hat sich in die Haare und an meinen Hals gekuschelt. Was war das süß. Da war es dann auch eher egal, dass er ab und zu ein Häufchen fallen ließ... So etwas dürfen Kleinkinder und Baby-Papageien.

Mich interessierte sein Alter, und dank des Internets fand ich schnell raus, dass es sich noch um ein Jungtier handelte und diese Art hier nicht heimisch ist. Fliegen konnte er schon, aber nicht besonders gut und sicher. Immer wenn ich versuchte, ihn kurz abzusetzen, flog er die paar Meter hinter mir her und krabbelte wieder an meinen Hals. Ich habe ihm dann einige Körner aus dem Hamsterfutter meiner Tochter rausgesucht, über die er dann sofort hungrig hergefallen ist. Als die Kinder von der Schule kamen, schlossen sie ihn sofort ins Herz und tauften ihn auf den Namen „Mogli". Abends, als wir alle zusammen auf der Couch saßen, kuschelte er sich ganz nah an meinen Hals, steckte den Kopf ins Gefieder und schlief tief und fest ein. Der kleine Fellball war so warm, dass ich einen ganz verschwitzten Hals bekam und er ganz feuchte Federn hatte.

Geschlafen hat er dann in einem Brotkorb, den ich mit Tüchern auslegte und in Mirkos Bad auf den Boden stellte.

Die Begrüßung am nächsten Morgen war dann wieder putzig, denn er krabbelte noch leicht verschlafen aus den Tüchern und flog direkt auf meine Schulter.

Ich konnte ihn nicht einmal zum Duschen von den Schultern bekommen, und so hat er halt mitgeduscht. Ein nasser Papagei sieht schon recht drollig aus. Wir haben uns dann ein wenig trockengeföhnt und konnten frisch gestylt in den Tag starten. Schweren Herzens habe ich ihn dann erneut ins Bad gesperrt und bin zur nächsten Mall in den Pet Shop, um Vogelfutter und Kolbenhirse zu kaufen. Mogli fiel direkt darüber her und fühlte sich sichtlich wohl. Da er aber immer fitter wurde und mittlerweile die 5 m Deckenhöhe zur zweiten Etage nutze, um seine Flugkünste auszuprobieren, war nichts mehr sicher. Den Deckenventilator habe ich sicherheitshalber ausgeschaltet.

Frisch geduscht in den Tag

Ich habe mich dann per Internet schlau gemacht, ob man Käfige kaufen kann bzw. einen Partner für ihn, da diese Papageien immer als Paar leben… ohne Erfolg. Ihn mit nach Deutschland zu nehmen wäre ein wahnsinniger Aufwand gewesen und kostenintensiv zudem. Einfach fliegen lassen? Und dann? Er hat hier keine Artgenossen und weiß nicht wohin.

Was nun? Und dann kam mir die rettende Idee. Ich habe Kontakt mit dem Singapore Zoo aufgenommen. Der Bird Park hat sich sofort bei mir gemeldet. Sie waren super freundlich und sehr interessiert. Heimische Vögel werden bei ihnen aufgepäppelt und dann wieder in die Freiheit entlassen. Bei Mogli, der artfremd ist, sähe das so aus, dass man ihn untersucht, er kurze Zeit in Quarantäne kommt und dann in die Voliere zu seinen Artgenossen. Da wir vom kompletten Zoo hier absolut begeistert sind und die Tiere es dort wirklich gut haben, haben wir ihn also zum Zoo gebracht. Natürlich auf der Schulter und ein letztes Mal gekuschelt. Der zuständige Mitarbeiter schaute schon ein wenig irritiert, als ich ihm Mogli gab und ihm sagte: „This is Mogli, please take good care of him".

Auf der Rückfahrt gab es selbstverständlich Tränchen und Zuhause war es seltsam leer. Ab und zu haben wir noch die eine oder andere Spur eines Vogel-Köttelchens gefunden und mussten schmunzeln.

Wir sind dann später extra noch einmal zum Zoo gefahren und haben lange vor der riesigen Voliere gestanden. Wir glauben auch, ihn erkannt zu haben, ganz sicher konnten wir es zwar nicht sagen, aber er war es… ganz bestimmt!

30 PFLANZEN UND FRÜCHTE

Ebenso faszinierend wie die tropische Tierwelt sind wohl auch die Pflanzenwelt und die Früchte, die es dadurch gibt.

Die Bäume und Sträucher entwickeln in dem für den Menschen manchmal unerträglichen Tropenklima ein Grün und eine Größe, die einem manchmal die Spucke nehmen. Wie oft stand ich staunend vor riesigen Pflanzen, mit Blättern weit größer als ich selbst. Blüten, die so faszinierend wirkten, dass ich eher an eine künstliche Pflanze denken musste.

Selbst uns eigentlich vertraute Pflanzen erkennt das europäische Auge auf den ersten Blick nicht wieder, da die grünen Schätzchen, die es bei uns in Blumentopfgröße zu kaufen gibt, im tropischen Maßstab auf einmal ganz anders aussehen.

Da hatte ich als Pflanzenfan auch oft ein dickes Herzchen, denn für wenig Geld könnte man sich hier eine Tropenplantage kaufen, aber leider darf man keine Pflanzen zurück mit nach Deutschland nehmen. Meine geliebten Francipani-Bäume würden bei unserem Klima eh nicht gedeihen, aber träumen darf man ja noch.

Eine sehr lustige Geschichte muss ich da jetzt aber auch noch eben erzählen. Und es begab sich aber zu der Zeit, als Michaela M. aus dem deutschen Rheinland völlig reizüberflutet und höchstwahrscheinlich schweißgebadet durch den Singapore Zoo irrte. Wie so oft versuchte ich mit der Kamera in der Hand, die faszinierenden Pflanzen in voller Größe und Farbenpracht einzufangen. Nun, und da sah ich diese Bäumchen, mit den putzigen, knallroten Blüten. Jede Menge standen dort und ein jedes hatte hunderte dieser schönen Blüten. Nach meinem dritten Foto kam mein Sohn zu mir und meinte ganz vorsichtig: „Duhu Mama, ich glaube die sind nicht echt, diese Blüten." Und siehe da. Tatsächlich hatte man diese Bäumchen mit hunderten von roten, bauchigen Pfeifenreinigern geschmückt, eine Arbeit, die Wochen gedauert haben muss.

Die berühmt berüchtigte „Pfeifenreinigerpflanze"

Hier einfach einige Impressionen der Pflanzenvielfalt…

180

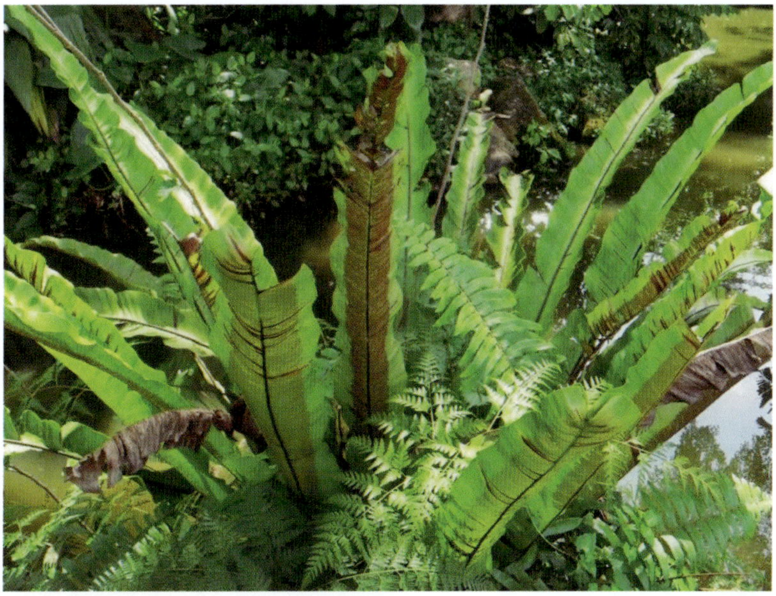

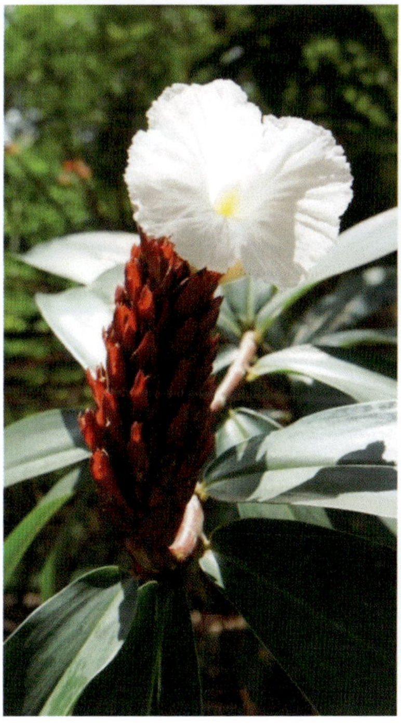

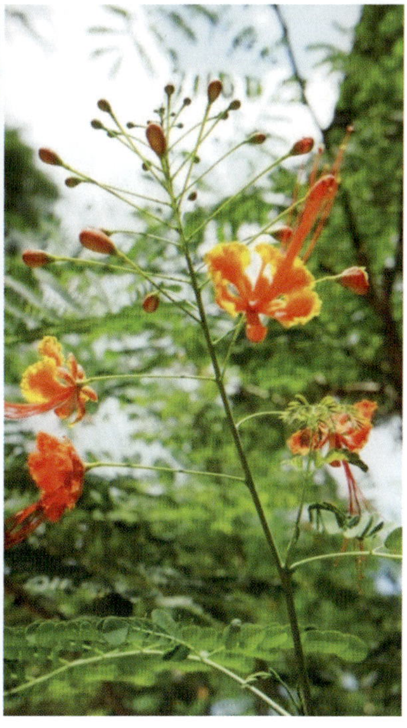

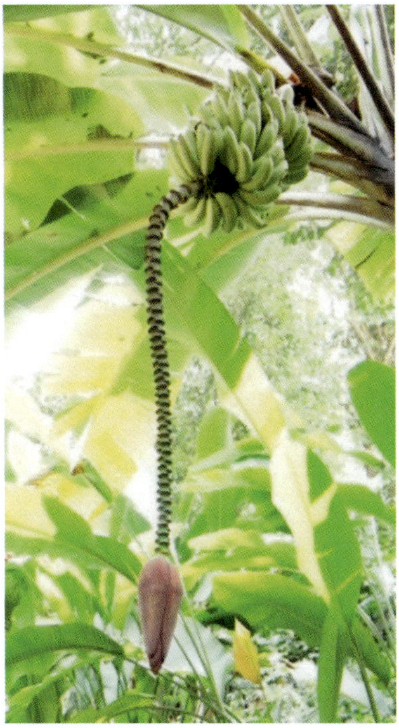
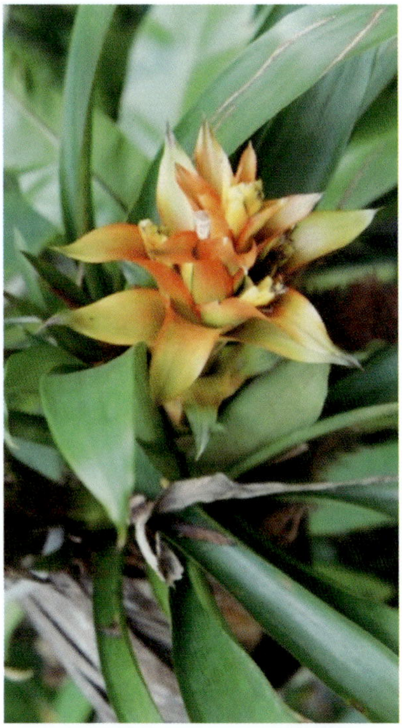
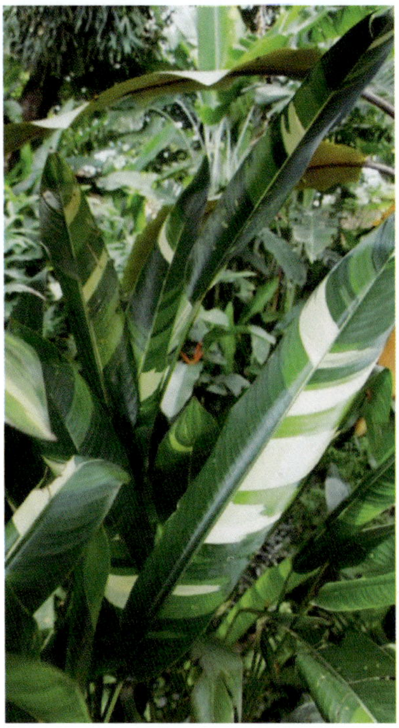
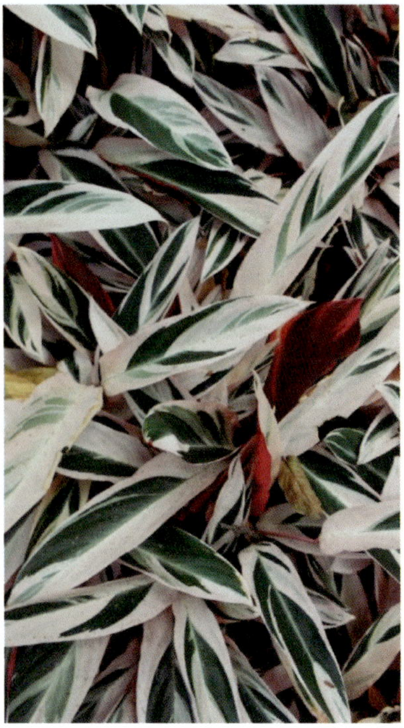

183

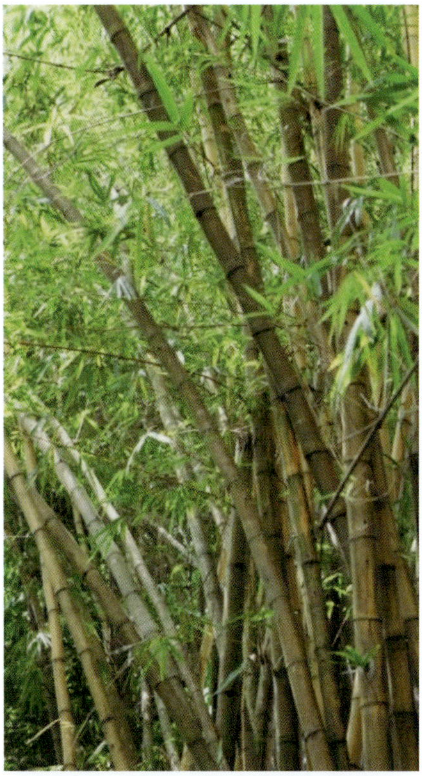
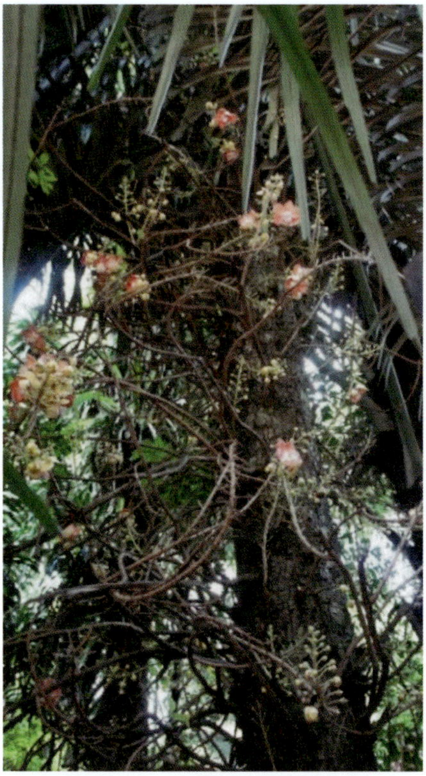
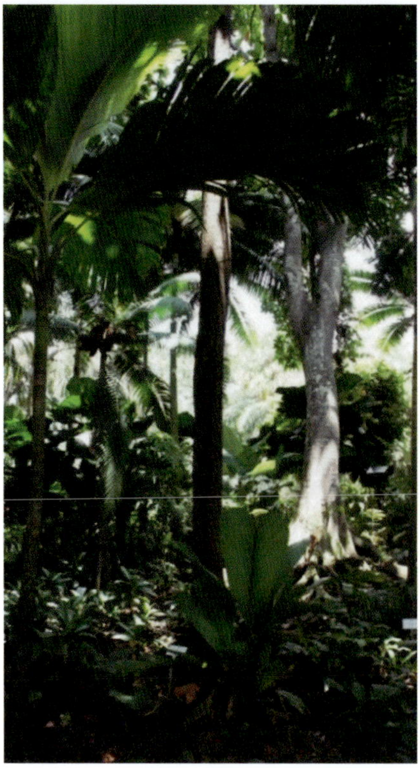
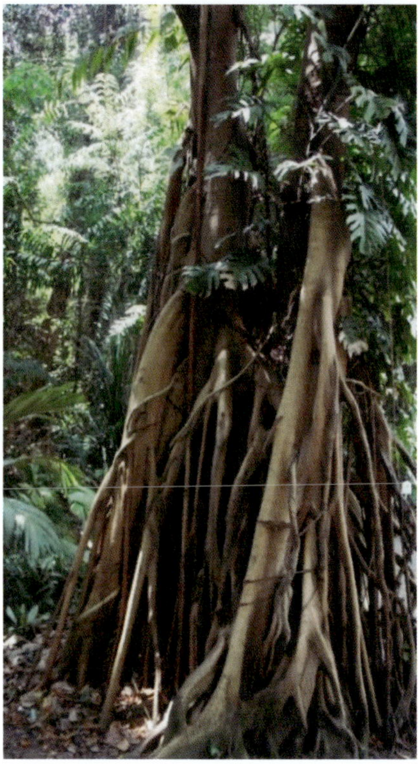

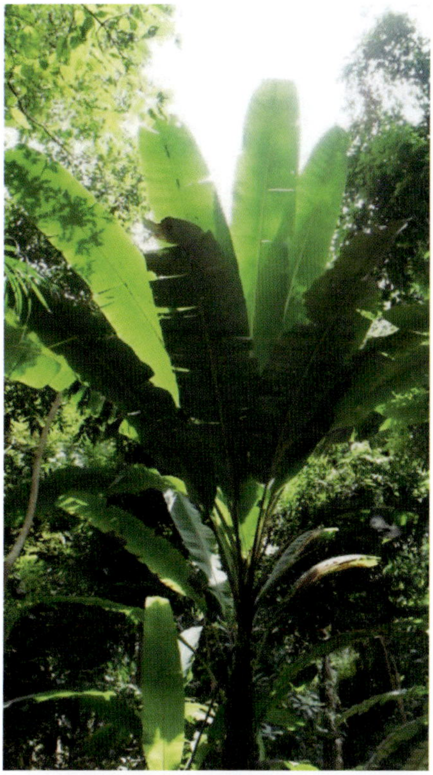
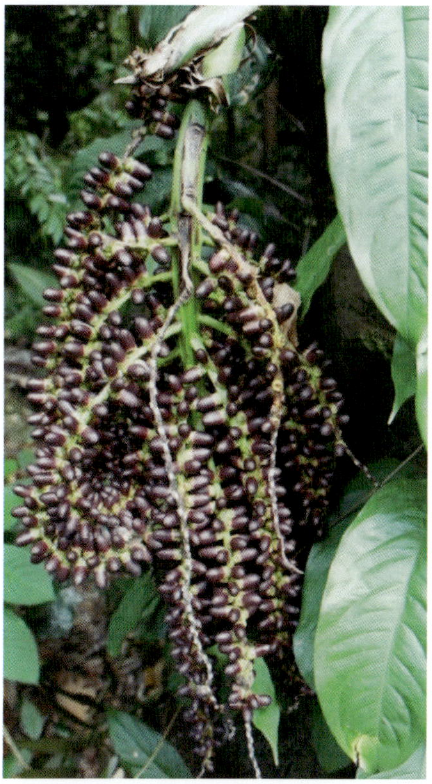
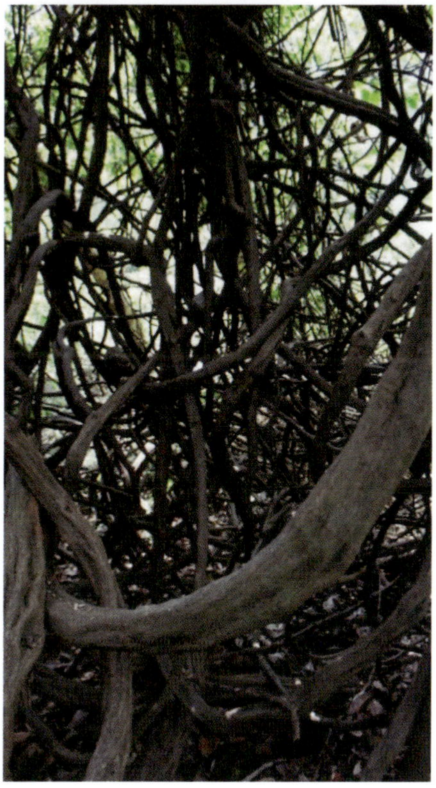
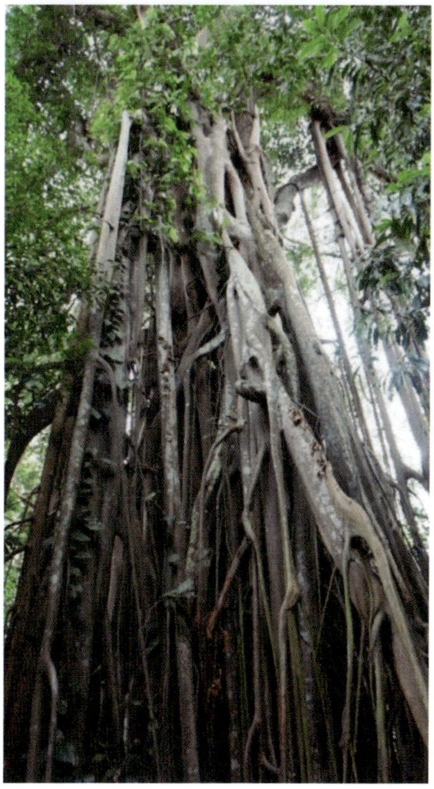

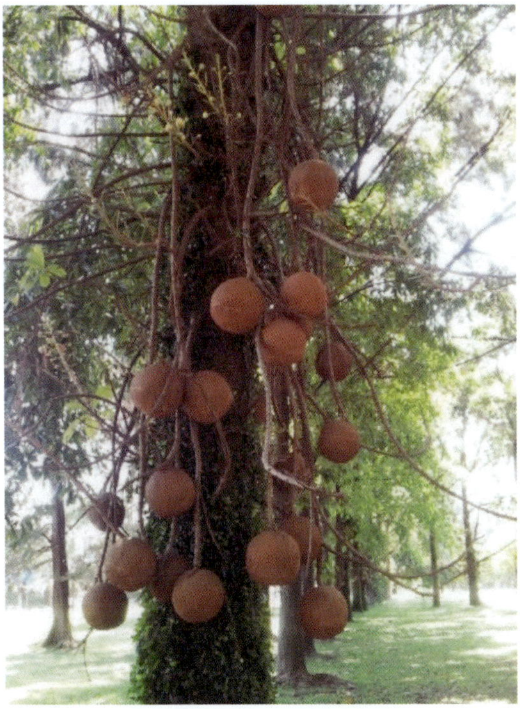
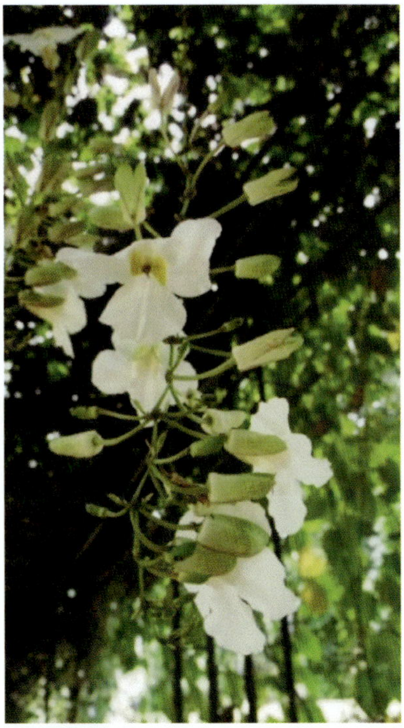
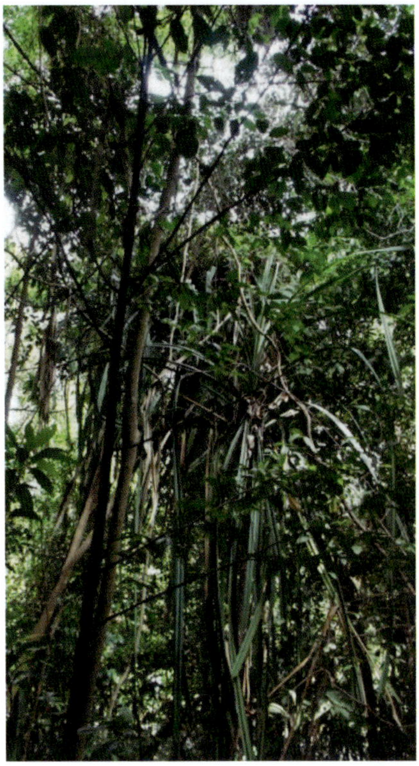
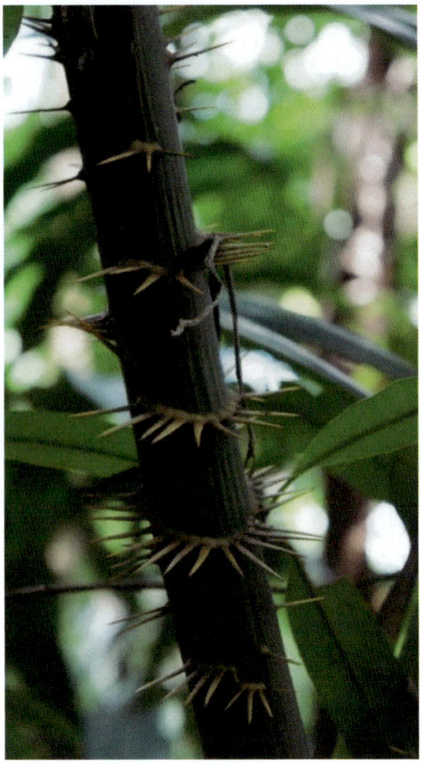

Obst gibt es hier in Hülle und Fülle. Selbstverständlich sind die uns bekannten Obstsorten, wie Äpfel und Birnen hier recht teuer. Bei anderen Obstsorten wie Bananen und Ananas versucht man dann sehr gerne, uns Ausländern die bekannten Marken zu verkaufen, während es die wesentlich geschmackvolleren Sorten, die optisch eventuell nicht dem westlichen Standard entsprechen, erheblich günstiger gibt. Malaysia beliefert Singapur mit jeder Menge frischem Ost und Gemüse. Der Singapurer sagt deshalb gerne, dass Malaysia der Garten Singapurs sei.

Frisches Obst auf dem Markt

    Auf den Märkten haben wir uns durch viele leckere, tropische Früchte probiert wie Rambutan, Granatäpfel, Karambole, Longan, Mango, Mangostan, Nashi Birnen, Papaya, Physalis, Pomelo, Yangmei, Jackfruit und ein Muss ist natürlich die Durian, die auch auf meiner Ekelliste steht, und das hat einen Grund.

    Die Durian hat nicht ohne Grund ein eigenes Verbotsschild. Man darf sie nicht in öffentlichen Verkehrsmitteln transportieren und auch in manchen öffentlichen Gebäuden nicht verzehren. Warum denn das? Ganz einfach: Die Durian hat einen Geruch, der einem die Schuhe auszieht. Man kann es schlecht beschreiben und muss es einfach selber gerochen haben. Weiß man dann aber, wie sie riecht, dann erkennt man diesen Geruch sofort und über Meilen Entfernung. Es ist eine Mischung aus faulen Eiern, Kot und einer Note Erbrochenem… aber dennoch anders. Das Aussehen der Durian ist durch die stachelige Haut sehr interessant. Öffnet man die etwa kokosnussgroße Frucht, so findet man im Innern durch relativ dicke Wände in mehrere Fruchtkammern getrennte Samen, die von einem weißen bis gelblichen, dicken, fleischigen, stark riechenden Fruchtfleisch umhüllt sind.

Das Fruchtfleisch, wenn man es denn erfolgreich an der Nase vorbei in den Mund geschoben hat, ist leicht süßlich, zwiebelig und hat eine puddingähnliche Konsistenz. Man kann sie schon essen, sollte aber nicht, wie ich, danach einen Softdrink zu sich nehmen. Abgesehen davon, dass ich den Durian-Geschmack stundenlang nicht mehr aus dem Mund bekam, hatte ich so den ganzen Tag äußerst ekeliges Durian-Aufstoßen (meine Kinder ergriffen die Flucht).

Warum die Asiaten so verrückt auf diese Frucht sind und sie als wohlriechend empfinden, weiß ich nicht wirklich. Meine indonesische Freundin meinte es läge daran, dass diese Frucht auch für heimische Verhältnisse recht teuer sei und man durch den Verzehr gerade in der Öffentlichkeit zeigen könne, dass man finanziell gut betucht sei. Durian wird daher auch überall verwendet, in Marmeladen, Kuchen, Plätzchen, Eis, Chips, Bonbons, was mir persönlich aber auch nichts brachte, da dieser penetrante Geschmack erhalten bleibt. Nun, ich hatte nach dem Probieren genug und habe sie seitdem überall sofort „errochen".

Durian

Das Fruchtfleisch der Durian

Der Durian ähnlich ist die Jackfruit. Die Früchte sind teils wesentlich größer, haben kleinere Stacheln/Noppen, der Geschmack der Früchte ist etwas säuerlicher und sie riecht nur ein wenig.

Das Fruchtfleisch der Jackfruit

Das Öffnen einer Jackfruit

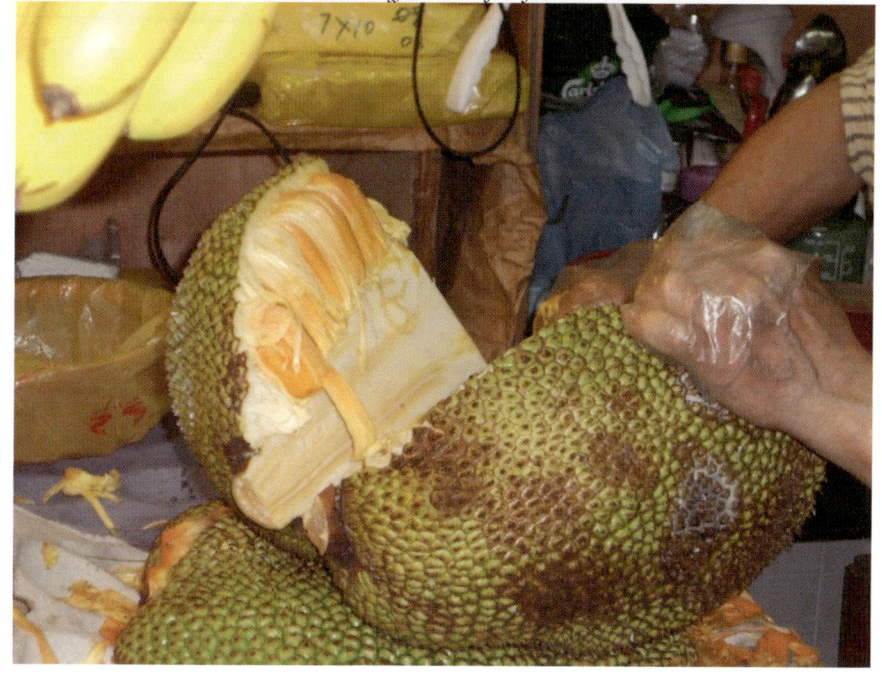

Dragon Eye Fruit - Longan

Dragon Fruit (gibt es in rot und weiß)

Granatapfel

Karambole

Nashi-Birnen

Physalis

Pomelo

Rambutan

Yangmei

Mangostan

31 BESUCH AUS DER HEIMAT

Da Singapur nicht nur mit einer langen Flugreise verbunden ist (12 Stunden), sondern Asien und die Tropen auch nicht unbedingt jedermanns Sache sind, haben wir leider nicht ganz so viel Besuch aus Deutschland bekommen. Immerhin aber haben wir dennoch einige Freunde und Familie zu Gast gehabt, und durften ihnen ein wenig von unserem Leben hier zeigen. Valentina, eine liebe Freundin und ehemalige Arbeitskollegin, machte mit ihrem Mann eine Kreuzfahrt auf der Aida, und da das Schiff in Singapur anlegte, haben wir sie treffen und ein paar schöne Stunden mit ihnen verbringen können, wenn auch fast nur im typischen Singapur-Tropenregen. Schön war es aber trotzdem.

Der Sohn eines ehemaligen Arbeitskollegen arbeitete auch in Singapur und so ergab es sich, dass Gerd mit seiner Familie und wir uns alle zusammen bei unserem Lieblingschinesen trafen, und einen schönen gemeinsamen Abend hatten.

Ganz besonders gefreut habe ich mich dann über den Spontanbesuch meiner Freundin Marita. Ich hatte bei meinem Deutschlandbesuch noch so nebenbei gesagt: „Mensch, dann komm uns doch mal besuchen…", und da hat ihr Mann Paul beim nächsten günstigen Flugangebot einfach zugeschlagen und ihr einen Flug gebucht. Wir hatten eine tolle Zeit, haben viel gequatscht und sehr viel unternommen. Super praktisch war natürlich für uns alle hier, dass Marita Friseurmeisterin ist, und so hat sie nicht nur uns allen, sondern auch Freundinnen eine schon lange überfällige „richtige" Frisur verpasst. Friseurbesuche sind hier nämlich äußerst spannend, da die Asiaten selten europäisches Haar schneiden können. Sie sind Meister des Ausdünnens, und ich hatte in 99 % meiner wenigen Friseurbesuche hier Angstschweiß auf der Stirn und kaum noch Haare auf dem Kopf, nachdem ich fertig war. Besonders ins Herz geschlossen haben sich bei diesem Besuch auch Marita und Branka, die nach vollendetem Kurzhaarschnitt den weltschönsten „Hinterkopf" hatte und es Marita abends im Raffles mit einem Singapore Sling entlohnte. Wir hatten eine wirklich tolle Zeit.

Dann haben wir auch endlich Besuch von unserer Familie bekommen. Hajos Mutter kam mit Hajos Schwester und deren beiden Söhnen, Daniel und Stephan, zu Besuch. Endlich einmal konnten wir alles live und in Farbe zeigen, und wir hatten sehr schöne Tage. Selbst die beiden Jungs haben sich tapfer geschlagen, obwohl ihre lästige Tante sie morgens stilecht mit der Singapurischen Nationalhymne weckte (Türe auf, Laptop rein, Türe schnell wieder zu und abwarten...grins) und sie von derselben lästigen Tante ständig genötigt wurden, fremdländisches Essen zu probieren. Harmloser aber doch als Tanten, die ständig in die Wangen zwicken und einen abknutschen, ODER?!

Ostern haben wir traditionell gefeiert, mit Eierverstecken (indoor zwar, aber wer weiß denn schon, was man hier evtl. mit gekochten Eiern anfüttern kann), schönem Osterfrühstück, Osterkranz und Osternestern.

Alle Cousins und eine Cousine

Mirko und Kira haben die Zeit mit ihren Cousins sehr genossen, und als wir alle am Flughafen verabschiedeten, flossen doch etliche Tränchen.

Am 10. Mai hatte ich dann eine erneute Knie-OP. Hatte ich die erste Knie OP eigentlich erwähnt? Ich glaube, nein… Also nur kurz: Bei einem gemütlichen Frühstück im Botanischen Garten wollte ich aufstehen und konnte mein linkes Knie kaum bewegen. Also eine äußerst dramatische Geschichte. Nachdem die Schmerzen nicht weniger wurden, sondern das Knie auch noch anschwoll, bin ich dann zum Krankenhaus und zu einem Facharzt, der feststellte, dass sich Knorpelstückchen zwischen das Kniegelenk geschoben hatten und zudem das Knie recht eng stand. So hat man diese Stückchen in einer OP entfernt und das Knie gelockert. Das hatte zur Folge, dass das Knie seine komplette Funktion erst einmal einstellte und ich in langer und mühsamer Physio das Knie wieder trainieren musste. Nun, da kam der Unfall an dem fast wieder hergestellten Knie genau passend. Ich hatte mich beim Zusammenstoß mit dem Motorrad über das linke Knie weggedreht, und nachdem mein Knie immer noch dick war und weh tat, hatte ich den Arzt gewechselt, und der neue Arzt stellte fest, dass bei dem Unfall in Vietnam wohl der vordere Meniskus gerissen war. Also wieder unters Messer. Dieses Mal, toi toi toi, ist aber alles sehr gut verlaufen und schon nach der OP ging es mir besser als vorher. Wäre schön, wenn alles bald wieder ganz ok wäre und ich auch wieder etwas Sport machen könnte.

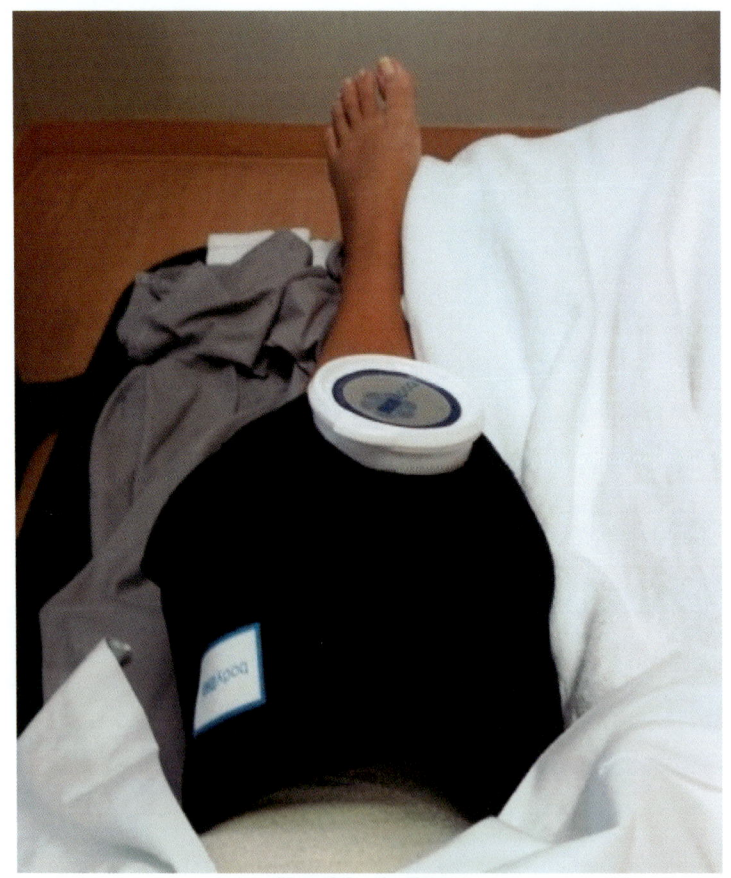

Knie OP - die Zweite

Bei den Kindern in der Schule starteten die letzte Klausurphase und der Abschluss verschiedener Projekte. Komisch, dass dies alles jedes Jahr so geballt passieren muss. Die letzten 14 Tage vor den Ferien läuft dann irgendwie gar nichts mehr - Unterricht auf Sparflamme. Für uns nicht ganz ungünstig, denn so können wir ganz gelassen an allen Verabschiedungsfeiern teilnehmen und zudem, und das freut Mirko sehr, auch die interessanten Spiele der Fußball EM live sehen. Das ist bei einer Zeitverschiebung von + 6 h manchmal recht heftig. Für Spiele, die in Deutschland um 21 Uhr starten, heißt es bei uns: Wecker auf 3 Uhr nachts stellen!

Noch ein Highlight war dann der Überraschungsbesuch meiner Freundin Larissa (Kiras

Patentante) mit ihrer mittleren Tochter Jasmin. Kira und Mirko hatten keinen blassen Schimmer und haben lange gebraucht, um zu verstehen, dass die beiden, die auf einmal mit mir aus dem Aufzug stiegen, nun wirklich für eine Woche bei uns blieben und extra für Kiras Konfirmation gekommen waren.

Wieder einmal konnten wir ein wenig von Singapur zeigen, und Jasmin durfte sogar 2 Tage in Mirkos Klasse am Unterricht teilnehmen.

Am 2. Juni war er dann endlich da, der Tag von Kiras Konfirmation. Und es hat wirklich alles gepasst. Der Gottesdienst war sehr festlich und die anschließende Feier ein einem italienischen Restaurant ebenfalls ganz toll. Kira sah bezaubernd aus (und das sage ich nicht nur, weil ich die Mama bin) und ich denke, alle haben sich sehr wohl gefühlt.

Unsere Konfirmandin und ihr stolzer Bruder

32 PERSÖNLICHE SPEZIALITÄTEN-EKELLISTE

Was macht man, wenn man sich so langsam an das Leben in Asien zu gewöhnen versucht und hier und da gewöhnungsbedürftige Lebensmittel sieht? Nun, da packte mich persönlich der Ehrgeiz und wann immer ich gut gelaunt oder auch verrückt genug war, habe ich Dinge probiert, die ich nicht kannte, die aber hier zum alltäglichen Leben dazugehören.

Ich habe mir meine persönliche Liste zusammengestellt und immer brav an meinen vorhandenen Impfschutz geglaubt. An die tausendjährigen Eier zum Beispiel habe ich mich aber nur mit Uschi getraut. Sie ist absolute Fachfrau auf diesem Gebiet und isst sie selber sehr gerne. Die wirken und riechen ja schon wenn sie gut sind so schlecht, dass ich diesen Unterschied nie gemerkt hätte. Ob es den überhaupt gibt, wäre noch eine gute Frage. Können solche Eier überhaupt schlecht werden?

Die nachfolgend abgehakten Dinge habe ich auf jeden Fall probiert. Seegurke und Abalone nicht, da es mir alleine zum Probieren einfach zu teuer war. Ekelig ist es aber nicht so sehr. Was ich definitiv nicht probieren konnte, waren die angebrüteten Eier. Der Verkäufer in Kambodscha stand an seinem Verkaufsstand und pellte das Ei auf. Zum Vorschein kam die in Eiform gekochte Leiche eines fertigen Küken (also kurz vorm Schlüpfen, mit Federn und allem was dazu und rein gehört!). Er meinte nur, das wäre super lecker und erklärte uns ganz stolz, dass den Küken eine Spritze mit einer Würzmischung aus Salz und Pfeffer durch den Schädel in den Körper gepumpt wird und sie so mehr Geschmack hätten. Ich habe noch länger darüber nachgedacht, ob es wohl schlimmer ist gekocht zu werden oder durch eine Gewürzmischung in der Blutbahn zu sterben.

Gegrillte Insekten oder Ähnliches habe ich leider nie gesehen und konnte/musste es so auch nicht probieren. Wobei ich sagen muss, gegrilltes und getrocknetes Gedöns ist besser zu essen als gekochtes oder gedämpftes Zeugs.

Tausenjährige Eier ✓
Die Schale ist sehr hell, gesprenkelt und gewachst, die Eier selber sind fast schwarz und stinken wie die Pest nach Aceton. Das Eiweiß ist wie festes braunes Gelee und das Eigelb auch ganz dunkel, aber noch leicht flüssig. Könnte man alles ausblenden, so schmeckten die Dinger wirklich nach Ei, aber Aussehen, Konsistenz und Geruch sind schon arg gewöhnungsbedürftig….das Aufstoßen danach übrigens auch!

Tee-Eier ✓
In Tee gekochte Eier, die nur ein wenig würzig schmecken.

Frosch ✓
Schmecken ganz ok. Ist etwas wenig und ich finde sie sehr weich und fettig, was aber auch an der Zubereitung und am Aussehen gelegen haben kann.

Qualle ✓
Hat kaum Eigengeschmack und ist arg zäh.

Durian ✓
Leicht süßlich, zwiebelig, puddingartig. Stinkt ganz übel und läuft einem sehr lange hinterher.

Jackfruit ✓
Schmeckt und riecht ein kleines bisschen wie Durian, aber etwas säuerlich. Wesentlich verträglicher.

Hühnerfüße ✓
Die gekochte Variante erinnert stark an Kinderfinger. Ich habe nur ein wenig abknabbern können - da ist auch nicht viel dran - und es schmeckt so wie es aussieht, nach knorpeliger Haut oder besser Hornhaut.

Getrocknete Fische ✓
Da gibt es jede Menge Auswahl. Ab und zu ganz nett. Die Asiaten geben sie aber auch gerne zum Würzen ins Gemüse oder auf Suppen, und da muss man dann schnell sein: Diese kleinen Scheißerchen versauen einem das ganze Essen, da dann alles nur noch salzig-fischig schmeckt.

Ice Kachang mit Bohnen ✓
Das ist ein Berg geschabtes Eis (also reines Wasser), auf den dann verschiedene bunte Sirups geschüttet werden, und je nach Laune auch Mais oder Kidneybohnen. Schmeckt wie eiskalter, gesüßter Salat.

Diverse Dumplings ✓
Eigentlich sehr lecker. Gibt es mit verschiedenen Füllungen. Steamed (in Wasserdampf gegart) oder fried (frittiert). Mir waren die Frittierten etwas sympathischer, da sie nicht so „labberig" sind und man eventuelle Stückchen der Füllung – nein, nicht weiter darüber nachdenken – nicht so merkt.

Steamed Buns (mit und ohne Füllung) ✓
Die chinesische Variante unserer Brötchen. Die süß-gefüllten, mit Obst, Mohn- oder Sesampaste sind lecker, das gilt auch für die nicht gefüllten (plain buns). Bei Fleisch- und ähnlichen Füllungen hatte ich manchmal den Geruch einer offenen Katzenfutterdose in Nase und habe sie dann dezent entsorgt.

Chinesische Gel-Süßspeisen ✓
Kann man essen. Sie schmecken eigentlich nur süß, haben eine grelle Farbe und sind unterschiedlich fest in ihrer Konsistenz. Bei den ganz hartnäckigen Exemplaren hat man ein wenig das Gefühl, man kaue auf einem Riesenpopel, der immer größer wird.

Baby Squid (Tintenfische) ✓
Hat man sich erst einmal an den Anblick gewöhnt und das erste Tierchen probiert, so kommt man schnell damit klar, dass man mit einer Portion einen kompletten Tintenfisch-Kindergarten ausrottet. Sie sind ganz knusprig, kaum fischig und in so einer dunklen, leicht süßen Soße mariniert… wirklich lecker.

Seaweed (Getrocknete Algen) ✓
Da ich Sushi sehr gerne mag, habe ich natürlich auch die puren Algenplatten gekauft, die hier als Snack geknabbert werden. Es gibt ja auch Algenchips und ähnliches an Knabbereien. Nun, beim Sushi finde ich sie relativ geschmacksneutral, so als Snack allerdings mag ich sie gar nicht.

Bird's Nest Drink (Schwalbennester-Brühe) ✓
Der Name ist Programm, denn es handelt sich wirklich um Vogelnester. Die Nester stecken an den Höhlenwänden, wo sie von den Mauerseglern aus miteinander verflochtenen Fasern und Speichel zusammengebaut werden Die Nester sind reich an Nährstoffen, die angeblich gesundheitliche Vorteile bringen, wie z. B. Verdauungsförderung, Steigerung der Libido, Linderung von Asthma, Verbesserung der Konzentration und eine allgemeine Stärkung des Immunsystems. Die Nester wurden früher in Kalkstein- Höhlen geerntet. Durch die enorme Nachfrage wurden nun Stahlbetonkonstruktionen als Bruthäuser gebaut. Ein Kilogramm dieser Nester kann bis zu 10.000 US-Dollar kosten.
Petra hatte irgendwann einmal ein Geschenkpaket bekommen, in dem der Sirup des Bird's Nest enthalten war. Quasi ausgekochte Nester. Der Sirup schmeckt einfach nur sehr süß und etwas schleimig. Braucht man also auch nicht wirklich.

Getränke aller Art auf dem Foodcourt ✓
Eigentlich konnte man alles Trinken und nichts war fies. Das eine hatte etwas mehr Geschmack als das andere. Aber gerade Tee und Kaffee sind immer lecker, und bei den heißen Temperaturen geht nichts über einen frischen Lime Juice

Seegurke ✗
Da ich niemanden gefunden habe, der sie mit mir gemeinsam probieren wollte, war mir der Versuch einfach zu teuer.

Abalone (Seeohr – Schnecke) ✗
Da sie aufgrund ihres Aussehens mit höchster Wahrscheinlichkeit auch entsprechend fies schmecken, dazu aber noch extrem teuer sind, habe ich den Versuch gelassen.

Balut - Angebrütete gekochte Eier mit Küken ✖
Alleine der Anblick, des toten Kükens reichte…ich konnte es nicht probieren.

Hühnerfüße

Ice Kachang

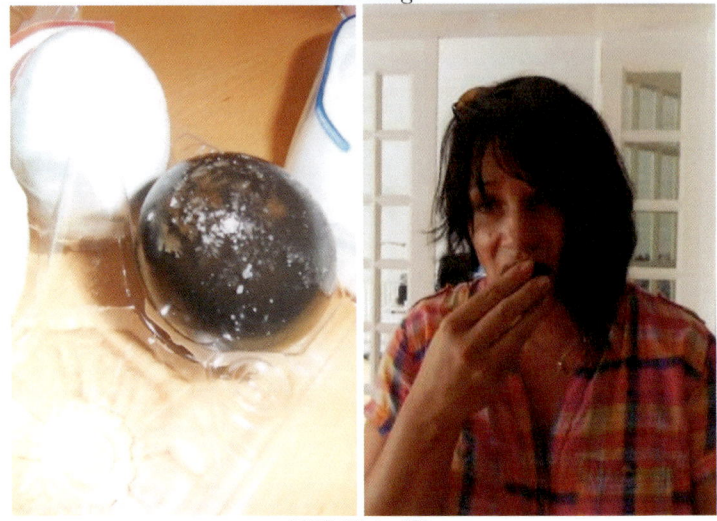

1000 jährige Eier

Qualle

Balut - Bebrütete Eier (werden geschält und das gekochte Küken wird ganz gegessen)

Abalone

Baby Squid frittiert

Getrocknete Fische

Seaweed (Getrocknete Algen)

Gefüllte gedünstete Buns

Gefüllte gedünstete Dumplings

33 ESSEN UND TRINKEN IN SINGAPUR

Schon schnell merkt man, dass in Singapur Essen und Trinken einen sehr hohen Stellenwert einnehmen. Trinken ist bei der tropischen Wärme eh sehr wichtig und es scheint, als ob die Singapuri den ganzen Tag essen. An jeder Ecke findet man Hawker Center oder Foodcourts, wo man für sehr kleines Geld die heimische Küche probieren kann. Es gibt fast alles, chinesisch, malaysisch, japanisch, indisch, thailändisch usw. Schon früh morgens sitzen die Einheimischen hier, trinken ihren kopi oder schlürfen ihr Süppchen. Und das geht den ganzen Tag so weiter. Selbstverständlich kann man auch alles andere zu Essen bekommen, je nachdem wie voll der Geldbeutel ist, nach oben sind keine Grenzen gesetzt. Pizza, Pasta oder Fastfood gibt es hier natürlich auch. Wer wissen will wie sich Singapur anfühlt, der sollte sich aber auf jeden Fall in ein Hawker Center setzen, mitten zwischen die multikulturellen Singapuri und einfach genießen.

Wir haben es immer so gehalten: Alles was gut aussieht und lecker riecht, wird probiert. Sollte es dann dennoch nicht schmecken, ist es bei den günstigen Preisen auch keine Schande, es liegen zu lassen.

Möchte man sich im Hawker Center einen Sitzplatz sichern, dann legt man einfach eine Packung Taschen- oder Feuchttücher auf den Tisch und kann sich ganz in Ruhe Essen holen. Tücher auf dem Tisch heißt: Reserviert. Und dies wird auch absolut respektiert, also in 99 % der Fälle. Bei uns, im Land der „Wir-reservieren-uns-mit-Handtuch-einen-Platz-auf-der-Strandliege" wäre dies wohl absolut unmöglich.

Ein kopitiam im Hawker Center

Eine sehr asiatische Tradition in Singapur sind die kopitiam, die man in jedem Hawker Center finden kann. Da die meisten Singapurer in überfüllten Wohnblöcken leben, sind die kopitiams so etwas wie die Open-Air- Wohnzimmer des Landes geworden. Während die jungen Leute es vorziehen, ihre freie Zeit im Einkaufszentrum zu verbringen, strömen die Tanten und Onkel (ein liebenswerter Begriff für die Älteren) in das nächste kopitiam, um ihre Zeitung zu lesen oder chinesische Soaps auf dem Gemeinschaftsfernsehen zu schauen. Sie sollten unbedingt ein kopitiam besuchen, denn neben dem kulturellen Aspekt gibt es hier sehr guten Kaffee für kleines Geld (Tasse ca. S $ 0,80).

Beim Bestellen werden Sie jedoch sehr schnell merken, dass die kopitiams ihren eigenen Jargon haben.

Fragen Sie nach einem kopi (kaw -pee) und Sie werden ein reichhaltiges, dickes Gebräu erhalten, das durch etwas, das einer Socke ähnelt, gefiltert wurde. Im kopitiam wird der Kaffee mit viel gezuckerter Kondensmilch und Zucker serviert.

Sollten Sie schwarzen Kaffee wünschen, bestellen Sie einen kopi-o. Für schwarzen Kaffee mit Zucker bestellen Sie kopi kosong. Für einen Kaffee mit ungesüßter Milch, fragen Sie nach einem Kopi-c (das C ist für Carnation Milch, aber sie können immer noch Zucker hinzufügen, um es zu versüßen). Wenn es zu warm für ein heißes Getränk ist, können Sie eine kopi peng (auf Eis) bestellen. Die gleichen Bezeichnungen gelten für teh (Tee). Lust auf einen heißen schwarzen Tee ohne Zucker oder Milch? Das ist eine teh-o kosong.

Wenn Sie das System verstanden haben, dann können Sie die Begriffe so mischen, dass Sie sich Ihr Lieblingsgetränk zusammenstellen können.

Heißer Kaffee mit Milch ohne Zucker	=	Kopi -c kosong
Heißer Tee mit Zucker, ohne Milch	=	teh- o
Iced Tee mit Milch ohne Zucker	=	teh- c peng kosong
Eiskaffee mit Zucker, ohne Milch	=	Kopi -o peng
Heißer Kaffee ohne Milch oder Zucker	=	Kopi -o kosong

Kopi- und Teh-Variationen à la Singapur

Ganz besonders singapurisch ist man, wenn man sein Getränk im typischen Trinkbeutel mitnimmt. Zugegeben, es sieht wirklich mehr als gewöhnungsbedürftig aus, aber die Beutel, die übrigens auch für Soßen zum Mitnehmen verwendet werden, halten sowohl kalte als auch warme Temperaturen aus. Man kann sie durch die Trageriemen luftdicht Verschließen und beim Transport verbrennt man sich nicht die Finger oder schlabbert. Man kann sie ins Auto hängen oder wo man sich sonst so gerade aufhält. Unsere Handwerker haben den Flur immer damit dekoriert, aber auch an Bäumen oder Treppengeländern sehen sie sehr dekorativ aus.

Der typische Trinkbeutel

Kräutertee: Große Metallgefäße mit Tee gehören zum Straßenbild in den traditionellen Medizin-Läden in Chinatown. Der Tee ist in der Regel recht bitter und besteht aus einer Zusammensetzung von Heilkräutern, aber angeblich gut und heilend für Ihre Schmerzen. Ein Kräuter-Tonikum Tee ist für die Einheimischen definitiv billiger als ein Besuch beim Arzt.

Herbal Tea im Medizinladen

Barley Wasser: Dieses Getränk aus gekochten Graupen und Kandiszucker ist ein traditionelles chinesisches Heilmittel zur Reduzierung der Körperwärme, was es im heißen Singapur zu einem beliebten Getränk macht. Der Geschmack ist mild, aber die schleimige Textur ist definitiv etwas gewöhnungsbedürftig.

Barley Water

Bandung

Chendol

Lime Juice

Bandung: Suchen Sie nach diesem hellen rosa Drink in Malayischen Cafés (wie die rund um die Arab Street). Bandung kann wie Pepto-Bismol aussehen, aber es ist eigentlich eine Mischung aus Milch und Rosensirup. Süß und klebrig.

Zuckerrohrsaft: Eine Handpresse macht aus diesem tropischen Gras ein süßes Getränk. Zuckerrohrsaft hat einen sehr milden Geschmack. Mit einem Spritzer Zitrone schmeckt er besonders gut.

Sugar cane press

Sugar cane water

Chendol ist ein traditionelles Dessert aus Südostasien. Man sagt, dass der Name "chendol" dem indonesischen Wort „jendol" entspricht, was so viel wie Bumper oder Beule bedeutet. Dies soll eine Anspielung auf das Gefühl beim Trinken sein, wenn der grüne geleeartige „Wurm" durch den Strohhalm in den Mund kommt. Und das sieht zugegeben gewöhnungsbedürftig aus, fast wie in einem Alien-Film. Schmeckt aber ganz ok.

Die Grundzutaten sind Kokosmilch, Gelee-Nudeln aus Reismehl mit grüner Lebensmittelfarbe (in der Regel Pandan-Blätter) und Palmzucker.

Tiger Beer ist ein mildes helles Lagerbier mit 5 % Alkoholgehalt und seit 1932 das offizielle Singapur-Bier. Gebraut wird es in der Asia Pacific Brauerei und kostet zwischen S$ 5 beim Hawker bis 15 S$ an einer Bar in Clarke Quay.

Tiger Beer   *Fresh coconut water*   *Singapore Sling*

Mit S$ 25, kostet der **Singapore Sling** hierzulande mehr als ein Bett in einem Schlafsaal. Der Singapore Sling ist ein Cocktail mit einer Mischung aus Gin, Cherry Brandy, Ananassaft und Bitter, garniert mit einer Ananasscheibe und einer Kirsche. Erfunden wurde er angeblich an der Long Bar des Raffles Hotels.

Indisches Essen

Das Essen mit den Fingern macht Spaß

Chilli-Crab beim Seafood-Hawker

Bei unserem Lieblingschinesen: TanChen

Mongolian Chicken (mein Lieblings-TanChen-Essen)

Mongolian Chicken, Lemon Chicken und Baby Kailan (lecker!!!)

Die Küche im TanChen

Carrot Cake (super lecker, wenn auch komplett ohne Karotten)

Curry Ramen mit Udon Nudeln

Nudelsuppe

Chinesisches Allerlei und super lecker wie man sieht

Mee Goreng

Mit Pilzen gefüllte Rindfleischröllchen

Roasted Duck

Kueh Tutu (Gedämpftes Reisgebäck mit Erdnuss oder Kokosfüllung) sooooo lecker

34 DIE ENTSCHEIDUNG

Nach unendlichen Diskussionen und Abwägungen aller Art haben wir entschieden, dass Kira, Mirko und ich nach Deutschland zurückkehren und Hajo das laufende Projekt abschließt bzw. ein neues Projekt für ca. 1 Jahr hier in Singapur betreut. Diese Entscheidung haben wir uns alle nicht leicht gemacht, aber sie steht nun und ist unsere Entscheidung - und eine Art Kompromiss. Das Transportunternehmen wird in der ersten Juli-Woche unsere Container packen und auf den Weg bringen, so dass wir noch möbelfrei in Deutschland erst einmal das Haus renovieren können.

Das bedeutet, dass Kira und Mirko nach den Sommerferien beide auf dasselbe Gymnasium gehen und ich eifrig nach Arbeit suchen kann. Die beiden freuen sich schon riesig auf Deutschland. Hajo wird nach seinem Urlaub in Deutschland in ein Service-Apartment ziehen, dann hat er mit Haushalt etc. nichts am Hut.

Natürlich haben wir uns alle nach anfänglichem Heimweh hier sehr wohl gefühlt und auch tolle Freunde gefunden, aber da die normale Projektzeit für Arbeitsstellen in Singapur 2 – 3 Jahre beträgt, ist überall ein ständiger Wechsel und man „lernt", sich nicht zu sehr in neue Freundschaften zu vertiefen, denn zu schnell kommt der Abschied wieder.

In Mirkos Klasse gehen dieses Jahr 9 Kinder, mit dabei seine engsten Kumpels, und bei Kira sogar 14 Kinder.

Am 22.06. ist für Kira und Mirko der letzte Schultag an der GESS German European School Singapore. Es wird kein leichter Abschied, vor allem, da es auf dem Primary Campus, den Mirko besucht, folgendermaßen abläuft: Mittags ist für alle Klassen Schluss. Man sammelt sich, und für die Kinder, die gehen, unterschreiben alle Freunde und Lehrer auf der Schuluniform. Dann steigen alle Schüler in die Schulbusse und diese fahren dann im Konvoi durch die Reihen der Lehrer und sonstigen Angestellten der Schule, die zum Abschied winken. Ich werde neben meiner Kamera wohl sicherheitshalber einige Packungen Taschentücher mit einpacken.

Die nächsten Tage werde ich versuchen, noch so viel Singapur wie möglich zu tanken, die Orte zu besuchen, die mir besonders ans Herz gewachsen sind und noch die Dinge zu kaufen, die ich in Deutschland wohl eher nicht bekommen werde.

35 BACK IN GERMANY

Und auf einmal geht alles ganz schnell, und die letzten Tage in Singapur sind da. Nachdem ich - als alter Umzugshase mit Spezialgebiet Bestandslisten - endlich den ganzen Papierkram für das Umzugsunternehmen fertig habe, klingelt es am 2. Juli um 9 Uhr morgens, und ein letztes Mal steht ein Rudel kleiner schwarzer Füße vor der Türe. Aber von der höherwertigen Klasse, denn alle tragen dieselben Firmenshirts vom Umzugsunternehmen. Na, und dann ist es mal wieder einmal faszinierend, wie schnell professionelle Packer ein gemütliches Zuhause in Null Komma Nix auseinander nehmen und verpacken. Termiten sind ein Dreck dagegen. Schon am Ende des ersten Tages ist ein Großteil in Kartons verpackt.

Ein echtes Problem sind natürlich die leicht illegalen Dinge, die ich zwar mitnehmen will, die aber die Packer nicht sehen dürfen. Auf allen Dokumenten muss ich eidesstattlich versichern, dass da „No food" drin ist...ich kann so was nicht und fühle mich immer wie ein Schwerverbrecher. So habe ich dann meinen Vorrat an indischen Gewürzen und diversen Soßen, Tees und sonstigem Das-muss-ich-unbedingt-als-Erinnerung-mitnehmen-Frauen-Gedöns vorab sorgfältig eingepackt und unter die Kosmetikartikel geschmuggelt. Die Chlortabletten habe ich auch irgendwo und vor allem sehr sicher versteckt, denn die habe ich bis zum heutigen Tag noch nicht wieder gefunden.

Am 3. Tag hat das Packgrauen ein Ende, und nachdem der Container (67,7 m^3) geschlossen und verplombt ist, ziehen wir für zwei Nächte ins Hotel. Am nächsten Tag gilt es dann, das Apartment gründlichst zu reinigen, und als ich damit endlich fertig war, sind wir noch für zwei Nächte nach Rawa, Malaysia, gefahren, um einfach nix zu tun. Am 8. Juli hat uns Hajo abends zum Flughafen gebracht, und dann war er da, der Tag der Heimreise.

Wir drei sind arg überladen, und nach 12 Stunden Flug mit mehr als gemischten Gefühlen und Gedanken, völlig aufgelöst und frierend am Bahnsteig in Frankfurt am Flughafen gestrandet. Neee, was kann frieren schön sein! Über Köln ging es nach Düren und dann waren wir wieder in unserem Haus, in Ellen.

Und wieder unser ganzes Hab und Gut in Kartons verpackt

Ein Blick von oben ins Wohnzimmer

Container voll beladen, Türe zu und verplomben. Fertig!

Unser Rückzugsort – das Gästezimmer mit unseren Koffern und der Luftfracht

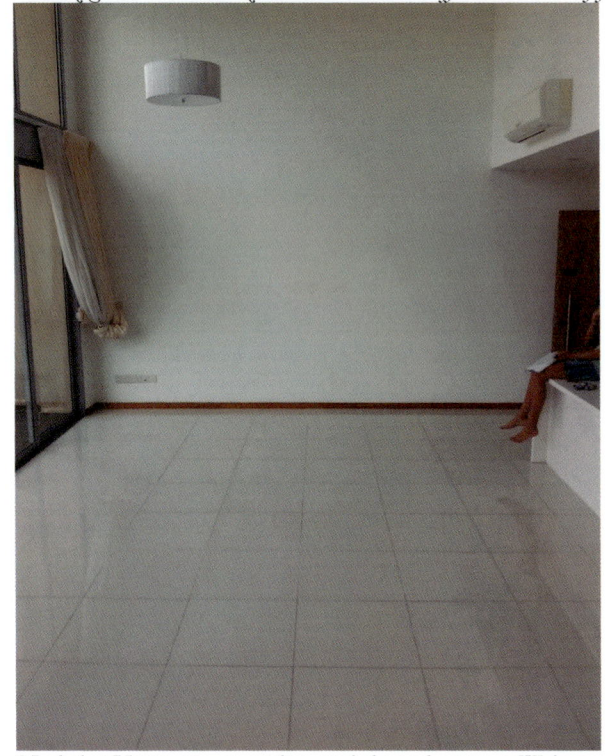

Nach dem Hausputz war sie dann einfach nur leer unsere Wohnung

Nun waren wir also wieder Zuhause. Die nächsten Tage und Wochen haben die Kinder eigentlich nur damit verbracht, einfach alles hier zu genießen. Da wir ja noch keine Möbel hatten, sondern nur ein Matratzenlager im Wohnzimmer, stand unsere Türe eigentlich immer offen und Scharen von Kindern vor unserer Haustür. Ich war abends immer froh, wenn ich mit meiner Matratze auch irgendwo zwischen meinen eigenen Kindern und deren Freunden einen Platz zum Schlafen fand.

Ein kleines aber feines Matratzenlager als Übergang bis der Container eintraf

Nachdem wir in Singapur unsere Wohnung geräumt und unsere singapurischen Handyverträge gekündigt hatten, fielen wir natürlich erst einmal in ein Kommunikationsloch. Tja, was man sich ans Internet und ständige Erreichbarkeit gewöhnen kann. Die deutschen Nummern für die Handys und auch ein neues Festnetz waren schnell da, nur das Internet dauerte seine Zeit, und so mussten wir dann öfter mal ne Runde Internetsurfen schnorren...

Dann hieß es: Ganz schnell ein Auto kaufen, denn die Taxis sind hier leider so gar nicht bezahlbar und die öffentlichen Verkehrsmittel auch eher nicht, von den Wartezeiten ganz zu schweigen. Also haben wir uns schlau gemacht. Für mich (typisch Frau) waren die Farbe, die Form, und die Felgen wichtig. Hajo hat dann das Restauto dazu gesucht und schon hatten wir unseren Golf.

Auch alles andere klappte zum Glück ohne weitere Probleme:

Die Schule lief bei beiden Kindern gut an, die Sportvereine standen schon bereit. So spielt Mirko wieder Fußball und auch Tischtennis, und Kira spielt ebenfalls Fußball und dann auch hier in Deutschland Volleyball.

Wir konnten Kiras Konfirmation mit der Familie nachfeiern. Die evangelische Pastorin war so lieb, und hat Kira noch einmal gesegnet. Kira durfte etwas über Singapur erzählen und es waren einige ihrer Freunde und deutschen Mitkonfirmanden dabei sowie Yannik, ein Freund aus Singapur, der dort mitkonfirmiert worden war.

Ansonsten haben wir das Leben hier einfach nur genossen. Das Essen, das Trinken (ich steh immer noch leicht dümmlich in der Spirituosen-Abteilung und freu mir Löcher in den Bauch, dass alles so günstig ist), die Freunde und Verwandten.

Auf einem Brings-Konzert war ich schon, und da ich sogar nach Singapur die neue CD geschickt bekommen und diese lange im Auto gehört hatte (zur Freude aller ☺) war ich sogar recht textsicher. Mirko erklärte seinen Freunden immer: „Hör mal, das sind die Brings. Die reden so wie alle wo wir herkommen...datt is jeil...das heißt, das ist geil..."

Schon in der ersten Woche hier bin ich angesprochen worden, ob ich nicht Lust hätte, bei einem Nachbarn, der selbständig ist, im Büro zu arbeiten. So mache ich seit Ende August die Büroassistenz für einen Wirtschaftsverband, was mir sehr großen Spaß macht, und dann natürlich auch noch super praktisch ist, denn ich muss 2 x täglich die Wahnsinnsdistanz von ganzen 6 Hausnummern bewältigen.

Dass der Wagen vor der Türe steht, treibt unsere Headset besessene Postbotin in den Wahnsinn, die zu einer Nachbarin meinte: „Isch glööv die Frau Machetanz will misch ärjern, die määt nie die Düer op wenn ich klingel, ävve dobej moss se jo zu huss sin, denn datt Auto steht doch doh."

Ja, das Dorf hat uns wieder. Wobei, so ein wenig genießen wir noch den Exoten-Status, denn immerhin haben wir 2 Jahre fernab in den unterzivilisierten Reisfeldern, ohne Lebensmittel und medizinische Versorgung in Shanghai oder wor ett – ach ennä – in Singapur verbracht.

Ich habe das Haus und den Garten nach und nach auf Vordermann gebracht, und dann kam auch endlich der Tag an dem unser Container angeliefert werden konnte.

Wir hatten 116 Packstücke eingelagert und 310 befanden sich im Container. Die hieß es nun alle irgendwie wieder ins Haus zu bekommen. Das Schwierige daran ist, dass man natürlich nicht erst schön die Möbel aufbauen kann, sondern alles auf einmal angeliefert und, sofern noch Platz zum Treten da ist, ausgeräumt und aufgebaut wird. Um dies alles noch ein wenig spannender zu gestalten, musste ich das Wohnzimmer frei halten, da es noch renoviert werden sollte.

Und dann kamen alle Dinge vom Zwischenlager und aus Singapur wieder zurück in unser Haus

Und es wurde ausgepackt, geschleppt und ausgeräumt

Zwischendurch stellte sich mir ernsthaft die Frage, ob sich Dinge, wenn sie zu lange gemeinsam eingeschlossen sind, vermehren können. Es half nichts, es musste alles seinen Platz finden, aber wo war der gewesen?

Die Verpackungsmaterialberge wuchsen in den Himmel

Ich bin ja schon viel gewöhnt und werde im größten Chaos eher ruhiger, aber die nächsten Tage habe ich manchmal gedacht, das schaffst du nie. Überall Kartons, Verpackungsmaterial, Packpapier, Folie, Entfeuchterbeutel und Unmengen Zeugs. Als wie aus dem nichts der 3. Karton Tupper und Co. in der Küche auftauchte, kam mir der Verdacht, dass sich Plastikschüsseln vermehren können.... Arbeit ohne Ende, und dann kam Herausforderung Nr. 2: Die deutsche Müllentsorgung!

Nee, was hat mich die singapurische Müllklappe in meiner Wohnung verdorben. Klappe auf: Müll rein, Müll weg! Größere Gegenstände, die nicht durch die Klappe passten, musste ich immer nur unten in die Tiefgarage an die Mülleimer stellen und „hexhex" weg waren sie. Und hier... ojeh, ich hatte in unserer Garage und um die Mülleimer quasi eine eigene kleine Mülldeponie. Nach und nach wurden die Mülleimer immer wieder gefüllt, wobei alles völlig legal zu entsorgen fast unmöglich war.

In den Herbstferien hatten wir dann die Möglichkeit, Hajo für 2 Wochen in Singapur zu besuchen. Er hat ein kleineres, möbliertes Apartment in einer neuen Anlage, „The Reflections", und fühlt sich dort auch sehr wohl.

Für uns war es anfangs schon ein wenig komisch, wieder als Gast in einer anderen Gegend Singapurs zu sein. Aber da wir uns ja auskennen und wissen, wie man wo hinkommt, haben wir es genossen, all das zu sehen, was wir vermisst haben. So waren Kira und Mirko dann auch in ihrer Schule. Ein Besuch unseres Lieblings-„Restaurants" und all der Plätze, die wir mögen, mussten natürlich auch sein.

Für mich persönlich war dieser Besuch ganz wichtig, denn komischerweise fühlte sich

Singapur vertrauter an als Deutschland. Und mit dem sicheren Gefühl, wieder in Deutschland zuhause zu sein, habe ich Singapur genossen und auf meine Art Frieden geschlossen. Wobei, und das muss ich einfach noch mal sagen, auch wenn ich mir geschworen habe, mich nicht zu rechtfertigen: Ich bin einfach lieber in Deutschland, aus den verschiedensten, und seien es für andere noch so nichtigen Gründen. Hier ist meine Heimat. Singapur war ein Zuhause und es ist ein tolles Land. Ich vermisse viele Dinge von dort und mich haben viele Dinge begeistert. Ich kann dieses Land jedem als Urlaubsziel empfehlen, es gibt Beeindruckendes zu sehen und zu erleben. Und ich merke zurück in Deutschland, dass ich bei aller persönlichen Kritik nichts auf dieses Land kommen lasse.

Da unsere „alte" liebe Katze Muffin mit stolzen 19 Jahren kurz vor unserer Heimkehr verstorben war, fehlte uns so ein kleiner felliger Mitbewohner. Ich hörte immer Phantomkatzenklappengeräusche und Miauen vor dem Fenster. Nachdem ich laut genug gelitten habe, bekam ich zum Geburtstag einen Gutschein für ein Kätzchen, den ich dann auch bald einlösen konnte. Der Stubentiger heißt Findus und ist trotz allem ein Weibchen. Sie ist noch recht scheu, kommt aber schon zum Kuscheln, hört auf ihren Namen und versteht auch das Wort „Nein"...Sie hört zwar nicht drauf, aber das habe ich bei einer Katze auch nicht anders erwartet.

Unsere neue Mitbewohnerin: Findus

Kira hat neue Farbmäuse. Eigentlich drei Weibchen, wobei wir dann eines Abends zwei dicke, birnenförmige Mäuse hatten, und nach kurzem Googeln war allen klar: Entweder hat der heilige Mäusegeist zugeschlagen, oder Maus Nr. 3 ist ein Männchen. Wieder gegoogelt und ja, so sehen Mäusehoden aus. Man lernt im Leben nie aus! Von dem Schrecken, Uroma zu werden, hatte ich mich noch nicht erholt, als die Mäuse am nächsten Tag schon warfen. Zum Glück - oder auch Pech - , haben die Mäuse ihre Jungen gefressen. Passiert wohl öfter, und ich habe Kira und Mirko erklärt, wie froh sie sein können, nicht als Maus geboren worden zu sein. Wir durften dann die männliche Maus in eine weibliche umtauschen und seitdem gibt es keine birnenförmigen Körper mehr, also zumindest nicht im Mäusekäfig!

Mirko bekam von Lorena sein Aquarium zurück, und da er Tom & Jerry, die Wasserschildkröten, frei lassen musste, hat er zum Geburtstag nun 2 neue bekommen. Die heißen nun nach unserem Lieblingsinder und -chinesen: Khansama und TanChen.

Und selbst in unseren zurückgebrachten Weihnachtsdeko-Kisten fand ich dann noch ein wenig Singapur. Die fiesen kleinen Scheißerkäferchen, die sich 2 x über meinen Gewürz- und Teevorrat in Singapur hergemacht hatten, waren in die weihnachtliche Potpourri-Mischung geschlichen und haben die Zeit genutzt, alles zu fressen und zu pulverisieren. Die gerechte Strafe war dann der Zimt-Orangen-Nelken-Tod in der Weihnachtsblechdose.

Da sich mein Mann in Singapur die Achilles-Sehne gerissen hat und sich nur mühsam auf Krücken bewegen kann, haben wir noch einmal unseren künstlichen Baum aufgebaut, aber irgendwie sieht der hier noch viel echter aus als in unserem tropischen Wohnzimmer.

36 SCHLUSSWORT UND DANKE

Zum guten Schluss möchte ich mich bei all meinen Freunden bedanken, die zum einen tapfer meine teilweise doch recht langen Reiseberichte gelesen haben und die mich dann auch noch dazu ermuntert haben, weitere Berichte zu verfassen. Das Schreiben hat mir nicht nur geholfen, weiter mit allen Freunden und Bekannten in Verbindung zu bleiben, sondern auch alles Neue zu verarbeiten und das teilweise doch recht schwere Herzchen zu erleichtern.

Vielen Dank auch an die, denen ich meine gesammelten Werke zum Korrekturlesen in die Hand gedrückt habe. Ohne euch hätte ich wohl manchmal den Überblick verloren. Ganz besonders Bettina hat hier tapfer mit meinen Ausführungen gekämpft... Danke!

Allen, die einen solchen Auslandsaufenthalt planen, wünsche ich viel Glück. Unterm Strich muss ich sagen, dass sich diese Erfahrung für mich sicherlich gelohnt hat. Selbstverständlich erweitert man den Horizont in viele Richtungen, man sollte vor allem mitnehmen, andere Menschen so anzunehmen wie sie sind, egal welche Hautfarbe, Haarfarbe, Sprache oder Religion sie haben.

Die Klänge, Farben, Gerüche und Geschmäcker im Ausland sollte man so gut es geht versuchen aufzunehmen.

Dieses Bewusstsein macht dann auch deutlich, was einem ganz persönlich wichtig ist. So lernt man Dinge zu vermissen, die einem vorher gar nicht so bewusst waren. Für mich waren dies Kleinigkeiten, wie der Geruch bei Sonnenuntergang oder der frische Duft, wenn im Sommer die Sonne aufgeht. Auch Jahreszeiten habe ich vermisst, Herbstlaub oder auch den Winter. Ich glaube, ich bin immer noch einer der wenigen Menschen in Deutschland, der sich über jedes Wetter freut, und der vor allem immer noch gerne friert!

THE END-LAH

MERLION

DER MERLION

Der Merlion ist das Wahrzeichen Singapurs. Die Bezeichnung Merlion ist ein Kunstwort, das sich aus den Worten Mermaid (Meerjungfrau) und Lion (Löwe) zusammensetzt.
Er ist eine Sagengestalt, eine Mischung aus Löwe und Fisch, und der Schutzpatron dieser Stadt. Der Löwenkopf symbolisiert Stärke und Furchtlosigkeit, der Fischkörper den Ursprung aus und die Verbundenheit mit dem Meer.
Die Figur des Merlion wurde 1964 von Fraser Brunner im Auftrag der Tourismuskommission von Singapur als Logo für die Stadt entwickelt und spielt auf die Legende der Stadtgründung an. Der Legende nach flüchtete der hinduistische Prinz und spätere Herrscher Singapurs Sang Nila Utama aus Sumatra im 14. Jahrhundert dorthin. Er war wegen der Heirat mit einer javanischen (buddhistischen) Prinzessin in die politischen Wirren zwischen dem hinduistischen Srivijaya-Reich von Sumatra und dem ebenfalls hinduistischen Majapahit-Reich auf Java geraten. Der Legende zufolge soll der Prinz im dichten Dschungel einen Löwen gesehen haben. Er wollte gegen den Löwen kämpfen, doch sie sahen sich in die Augen, der Prinz senkte sein Schwert, und der Löwe zog sich zurück. Dieses Ereignis war für den Prinzen so beeindruckend, dass er die Stadt fortan Löwen-Stadt nannte.

ÜBER DIE AUTORIN

Michaela Machetanz, geb. 1968 in München, wohnhaft im Rheinland.
Verheiratet, Mutter von 2 Kindern. Nach dem Abitur beendete sie eine kaufmännische
Lehre und arbeitet heute als Sekretärin.

Printed in Poland
by Amazon Fulfillment
Poland Sp. z o.o., Wrocław